SOBRE LA NATURALEZA
DEL TOTALITARISMO

HANNAH ARENDT

SOBRE LA NATURALEZA DEL TOTALITARISMO

DOS ENSAYOS DE COMPRENSIÓN

Edición de Jerome Kohn

Traducción de
Roberto Ramos Fontecoba

PÁGINA INDÓMITA

Títulos originales:
Understanding and Politics (1953) y
On the Nature of Totalitarianism (s. f.)

Diseño de cubierta y composición: Ángel Uzkiano
Imagen de cubierta: Hannah Arendt en 1933,
año del ascenso del nazismo al poder en Alemania
(fotógrafo desconocido)
Impresión y encuadernación: Romanyà Valls
Primera edición: octubre de 2025

ISBN: 978-84-129857-6-4
Depósito legal: C-945-2025

ÍNDICE

NOTA A LA PRESENTE EDICIÓN

Este volumen reúne dos ensayos en los que Hannah Arendt esclarece y prolonga su obra magna, *Los orígenes del totalitarismo* (1951). Ambos textos fueron redactados poco después de la publicación de dicha obra, y fueron empleados por la autora para los cursos y conferencias que impartió en 1953 y 1954 en diversas universidades y en la New School for Social Research de Nueva York. En ellos, Arendt profundiza en el análisis del fenómeno totalitario y en los rasgos que lo distinguen de las formas tradicionales de la tiranía, el despotismo y la dictadura, y, mediante el diálogo con Montesquieu y Kant, aborda el papel que en el totalitarismo desempeñan el terror, la ideología y el aislamiento del individuo.

El primero de los textos, «Comprensión y política», fue publicado originalmente en *Partisan Review,* vol. 20, n.º 4, julio-agosto de 1953. En una primera versión, Arendt lo había titulado «La dificultad de comprender», y parte del material de esa versión ha sido reincorporado aquí. El texto se basa en las primeras secciones de un largo manuscrito no fechado que constituye el segundo ensayo aquí incluido, «Sobre la naturaleza del totalitarismo», del que ofrecemos las últimas secciones, junto con pasajes, debidamente marcados a pie de página, de otro manuscrito titulado «Ideología y propaganda».

La versión de los escritos ofrecida en la presente edición vio la luz originalmente en la antología de la autora *Ensayos de comprensión, 1930-1954,* editada por Jerome Kohn[1] y publicada la editorial estadounidense Harcourt, Brace & Co. en 1994 en su versión inglesa, y por Página Indómita en 2008 en la versión en español.

Como observa en el prólogo de la misma Jerome Kohn, el pensamiento político de Arendt toma como punto de partida las condiciones en las que surge el totalitarismo como forma de gobierno, pero «estas condiciones, según la autora, ni fueron la *causa* de los regímenes totalitarios ni desaparecieron con su caída, y *esa,* en resumidas cuentas, es la crisis de nuestra época. Se trata de una crisis que es *nuestra,* que está constituida por *nuestros* dilemas, lo que hace que el pensamiento de Arendt sea hoy cuando menos tan relevante como en cualquier otro momento del pasado».

---

1. Albacea literario de Arendt, tristemente fallecido en diciembre de 2024.

SOBRE LA NATURALEZA
DEL TOTALITARISMO

COMPRENSIÓN Y POLÍTICA
(LA DIFICULTAD DE COMPRENDER)

Es difícil decir la verdad porque, aunque solo hay una,
está viva y tiene por tanto un rostro vivaz y cambiante.[1]

FRANZ KAFKA

Son muchos quienes dicen que no se puede combatir el
totalitarismo sin comprenderlo,[2] pero por fortuna no es
cierto; si lo fuese, nuestra situación sería desesperada.
Comprender, a diferencia de tener información correcta
y el conocimiento científico, es un proceso complicado
que nunca produce resultados inequívocos. Es una actividad sin fin, en constante cambio y variación, mediante

1. «*Es ist schwer, die Wahrheit zu sagen, denn es gibt zwar
nur eine; aber sie ist lebendig und hat daher ein lebendig wechseln-
des Gesicht*» —*Die Zürauer Aphorismen*, en *Betrachtungen über
Sünde, Leid, Hoffnung und den wahren Weg*, Gustav Kiepenheuer,
Berlín, 1931.

2. [Pasaje adicional del manuscrito:] De lo cual concluyen que,
en vista de la compleja estructura del fenómeno, solo la investigación organizada, es decir, los esfuerzos combinados de las ciencias
históricas, económicas, sociales y psicológicas, puede producir comprensión. Esto, a mi juicio, es tan erróneo como plausible suena. La
información contenida en cualquier periódico del mundo libre

la cual aceptamos la realidad y nos reconciliamos con ella, es decir, tratamos de sentirnos cómodos en el mundo.

El hecho de que la reconciliación sea inherente a la comprensión ha dado lugar a la popular tergiversación de que *tout comprendre c'est tout pardonner* (comprenderlo todo es perdonarlo todo). Pero perdonar tiene tan poco que ver con comprender que no es ni su condición ni su consecuencia. Lo primero (sin duda una de las acciones humanas más grandes, y quizá la más osada en la medida en que intenta lo aparentemente imposible, deshacer lo hecho, y en que logra crear un nuevo comienzo allí donde todo parecía haber llegado a su fin) es una acción singular y culmina en un acto singular. Comprender no tiene fin y, por lo tanto, no puede producir resultados definitivos. Representa el modo específicamente humano de estar vivo, pues todos necesitamos reconciliarnos con un mundo al que nacimos como extraños y en el que, en razón de nuestra singularidad distintiva, seremos siempre extraños. La comprensión comienza con el nacimiento y acaba con la muerte. Así pues, comprender el totalitarismo, en la medida en que

---

y la experiencia padecida cada día en el mundo totalitario son suficientes para emprender la lucha contra el totalitarismo. Pero ni la información ni la experiencia, ni juntas ni en solitario, fomentan una comprensión verdadera de la naturaleza del totalitarismo. Y dicha comprensión jamás será el producto de cuestionarios, entrevistas y estadísticas o de la evaluación científica de tales datos.

el surgimiento de gobiernos totalitarios es el acontecimiento central de nuestro mundo, no significa en absoluto perdonar, sino reconciliarnos con un mundo en el que tales cosas son posibles.

Muchas personas bienintencionadas quieren acortar este proceso con el fin de educar a otros y elevar la opinión pública. Piensan que los libros pueden ser armas y que se puede luchar con palabras. Pero las armas y la lucha pertenecen al terreno de la violencia, y la violencia, entendida como distinta al poder, es muda; empieza donde el discurso acaba. Así pues, las palabras empleadas para la lucha pierden su cualidad discursiva; se convierten en clichés. Y estos se han infiltrado en el lenguaje y en las discusiones cotidianas hasta tal punto que bien pueden indicar el grado en que nos hemos privado a nosotros mismos de nuestra capacidad de hablar y en que, para resolver nuestras disputas, estamos dispuestos a usar medios de violencia más efectivos que los malos libros —los únicos libros que pueden ser buenas armas.

El resultado de todas estas tentativas es el adoctrinamiento. Y este, en cuanto intento de comprensión, trasciende el ámbito comparativamente sólido de unos hechos y unas cifras de cuya infinitud trata de escapar; pero dicho adoctrinamiento, en cuanto atajo en el propio proceso trascendente —un proceso que interrumpe arbitrariamente mediante declaraciones apodícticas que parecieran tener la misma fiabilidad que los hechos y las cifras—, destruye por completo la actividad de la comprensión. El adoctrinamiento es peligroso porque surge primariamente de una perversión, no del conocimiento sino de la comprensión. El resultado de comprender consiste en el significado, un significado que originamos en el proceso mismo de vivir en la medida en que tratamos de reconciliarnos con lo que hacemos y sufrimos.

El adoctrinamiento solo sirve para profundizar en la lucha totalitaria contra la comprensión, y, en cualquier caso, introduce el elemento de la violencia en toda la esfera de la política. Un país libre sacará un pobre partido de ello en comparación con el que obtienen la propaganda y la educación totalitarias; tal país, al emplear y formar a sus propios «expertos» —quienes pretenden «comprender» la información fáctica añadiendo una «evaluación» no científica a los resultados de la investigación—, no hace sino fomentar los elementos del pensamiento totalitario que existen hoy en todas las sociedades libres.[3]

---

3. Los hechos deben bastar; la evaluación o la prédica moral solo pueden contribuir a que tales hechos pierdan peso y capacidad de conmover. No existe ya ninguna moralidad aceptada en la que poder basar los sermones ni existe todavía ninguna norma que pueda fomentar una evaluación no arbitraria. La lucha real contra el

Esto, sin embargo, no es más que un lado de la cuestión. No podemos aplazar nuestra lucha contra el totalitarismo hasta haberlo «comprendido», puesto que no lo comprenderemos de forma definitiva mientras no lo hayamos derrotado definitivamente. La comprensión de los asuntos políticos e históricos, al ser estos tan profunda y fundamentalmente humanos, tiene algo en común con la comprensión de las personas: solo sabemos quién *es* realmente alguien una vez que ha muerto. Se trata de la verdad contenida en el antiguo dicho *nemo ante mortem beatus esse dici potest:* para los mortales, lo definitivo y eterno empieza solo tras la muerte.

La forma más obvia de escapar de este dilema consiste en equiparar el gobierno totalitario con algún mal conocido del pasado, como la agresión, la tiranía, la conspiración. Aquí, según parece, pisamos suelo firme, puesto que pensamos que hemos heredado de dicho pasado no solo sus males, sino también la sabiduría que nos guiará a través de ellos. Pero el problema de la sabiduría del pasado es que, por así decirlo, se nos muere en las manos tan pronto como intentamos aplicarla honestamente a las experiencias políticas centrales de

totalitarismo no necesita más que un flujo constante de información fiable. Si de estos hechos emerge un llamamiento, una apelación a la Libertad y la Justicia, a la movilización de la gente para el combate, entonces tal llamamiento no será simple retórica abstracta.

nuestro tiempo.[4] Todo lo que sabemos del totalitarismo muestra una horrible originalidad que ningún rebuscado paralelismo histórico logra atemperar. Solo podemos evitar su impacto si optamos por no centrarnos en su verdadera naturaleza, si dejamos que nuestra atención deambule entre las interminables conexiones y similitudes existentes entre ciertos principios de la doctrina totalitaria y las teorías familiares del pensamiento occidental. Se trata de similitudes que son ineludibles. En el ámbito de la teoría pura y de los conceptos aislados, no puede haber nada nuevo bajo el sol; pero estas similitudes desaparecen por completo tan pronto como dejamos a un lado las formulaciones teóricas y nos centramos en su aplicación práctica. La originalidad del totalitarismo es horrible, pero no porque haya venido al mundo alguna «idea», sino porque sus actos mismos constituyen una ruptura con todas nuestras tradiciones; sin duda, han hecho saltar por los aires nuestras cate-

4. Por lo tanto, la comprensión de la naturaleza del totalitarismo —la cual solo resulta posible tras el análisis y la descripción de sus orígenes y de sus estructuras— es casi idéntica a la comprensión del corazón mismo de nuestro siglo. Y esta es probablemente casi tan difícil como el proverbial salto sobre la propia sombra. Su valor político práctico es incluso más dudoso que el de los esfuerzos de los historiadores, cuyos resultados, si bien difícilmente tienen utilidad inmediata, sirven al menos para propósitos políticos de largo alcance.

gorías de pensamiento político y nuestros patrones de juicio moral.

Dicho de otro modo, el acontecimiento mismo, el fenómeno que intentamos —y debemos intentar— comprender nos ha privado de nuestras herramientas tradicionales de comprensión. Y en ninguna parte esta condición desconcertante se ha revelado de forma tan clara como en el fracaso total de los Juicios de Núremberg. El intento de reducir las políticas demográficas nazis a los conceptos delictivos del asesinato y la persecución tuvo como resultado, por una parte, que la monstruosidad misma de los crímenes hizo parecer ridículo cualquier castigo concebible y, por otra parte, que ningún castigo pudo siquiera ser aceptado como «legal», pues ello presuponía, junto con la obediencia al mandamiento «No matarás», una posible escala de motivos, de cualidades que hacen que los hombres se conviertan en asesinos, lo cual brillaba por su ausencia en el caso de los acusados.

La comprensión, si bien difícilmente proporcionará resultados muy útiles o inspiradores en la lucha contra el totalitarismo, debe acompañar tal lucha si queremos que esta sea algo más que un mero combate por la supervivencia. En la medida en que los movimientos totalitarios han surgido en el mundo no totalitario (cristalizando a partir de elementos presentes en dicho mundo, puesto que los gobiernos totalitarios no han sido importados de la Luna), el proceso de comprensión, de forma clara y quizá primaria, es también un proceso de autocomprensión. Y es que, si bien sabemos meramente, pero aún no comprendemos, *contra qué* luchamos, sabemos y comprendemos aún menos *a favor de qué* estamos luchando. Y ya no bastará con la resignación, tan característica en Europa durante la última guerra y tan precisamente formulada por un poeta inglés que dijo: «Nosotros, que nos guiábamos por nobles sueños, / defendemos lo malo frente a lo peor».[5] En este sentido, la actividad de comprensión es necesaria. Si bien no puede inspirar directamente la lucha ni señalar objetivos que de otro modo estarán ausentes, únicamente ella puede dar sentido a tal lucha y preparar una nueva capacidad de la mente y el corazón humanos que quizá solo entre en juego una vez ganada la batalla.[6]

5. «*We who lived by noble dreams / defend the bad against the worse*», C. Day Lewis, «Where are the War Poets?». Lewis en realidad escribió «sueños honestos» («*honest dreams*»). (N. del E.)

6. Solo una vez obtenida la victoria se hace necesario que los propósitos políticos prácticos trasciendan las limitaciones de los hechos y de la información y den lugar al desarrollo de alguna comprensión de los elementos que, al cristalizar, ocasionaron el totalitarismo. Y es que estos elementos no dejan de existir por el hecho de que se haya logrado la derrota de uno o de todos los gobiernos totalitarios. Así, fue la presencia de los elementos mismos del nazismo

Conocimiento y comprensión no son lo mismo, pero están interrelacionados. La comprensión se basa en el conocimiento, y el conocimiento no puede avanzar sin una inarticulada comprensión previa. La comprensión previa denuncia el totalitarismo como tiranía, y ha decidido que nuestra lucha contra él es una lucha por la libertad. Es cierto que quien no se movilice por estos motivos probablemente no se movilizará por ninguno, pero muchas otras formas de gobierno han negado la libertad, si bien nunca de forma tan radical como los regímenes totalitarios, de modo que esta negación no es la clave principal para comprender el totalitarismo. No obstante, esta comprensión previa, por muy rudimentaria e incluso irrelevante que sea en último término, impedirá que la gente se una a un movimiento totalitario con mucha más eficacia de lo que lo harán la información más fiable, el análisis político

---

lo que hizo que la victoria de los nazis en Europa resultase no solo posible, sino vergonzosamente fácil. Si las potencias no europeas del mundo, que necesitaron seis años para derrotar a la Alemania de Hitler, hubiesen comprendido estos elementos, no habrían apoyado la restauración del *statu quo* en Europa —completada con la restauración de los viejos sistemas políticos, de clases y de partidos que, como si nada hubiese pasado, continúan desintegrándose y preparando el terreno para los movimientos totalitarios—, y habrían prestado toda su atención a la continuación del crecimiento de la población refugiada y a la propagación de la condición apátrida.

más penetrante y el más amplio conocimiento acumulado.[7]

La comprensión antecede y sucede al conocimiento. La comprensión previa, que se halla en la base de todo conocimiento, y la verdadera comprensión, que lo trasciende, tienen en común el que ambas hacen que el conocimiento resulte significativo. Ni la descripción histórica ni el análisis político[8] pueden probar que, dado que existe

7. Pues parece bastante dudoso que este tipo de conocimiento amplio, que todavía no equivale a la comprensión y no se ocupa de la esencia del totalitarismo, pueda ser producido por la investigación organizada. Es muy probable que los datos relevantes queden enterrados bajo una avalancha de estadísticas y observaciones por un lado y evaluaciones por otro, las cuales nada nos dicen sobre las condiciones históricas y las aspiraciones políticas. Solo hablan las propias fuentes —documentos, discursos, informes, etc.—, un material que es de fácil acceso y no necesita ser organizado e institucionalizado. Dichas fuentes tienen sentido para los historiadores y los politólogos; únicamente se vuelven ininteligibles si se les pide que proporcionen información sobre el superego, la imagen del padre y la forma errónea de cambiarles los pañales a los bebés, o si son enfocadas con estereotipos fijos en mente —las clases medias bajas, la burocracia, los intelectuales y demás—. Obviamente, las categorías de las ciencias sociales, aunque se hayan convertido en estereotipos, resultan más útiles que las de la psicología, aunque solo sea porque son abstraídas de un mundo real y no de uno soñado. Sin embargo, a la hora de la verdad no hay, por desgracia, gran diferencia. Desde que la imagen del padre invadió las ciencias sociales y la clase media baja hizo lo propio con la psicología, la diferencia entre ambas disciplinas se ha vuelto insignificante.

8. Al estar basados solo en una comprensión preliminar, tienen que haber proporcionado ya bastantes resultados y cubierto

una *naturaleza* del gobierno monárquico, republicano, tiránico o despótico, existe también tal cosa como la *naturaleza* o la *esencia* del gobierno totalitario. La naturaleza específica se da por descontada en la comprensión previa que sirve de base a las ciencias, y la comprensión previa impregna con naturalidad, pero no con una visión crítica, todo el vocabulario de dichas ciencias. La verdadera comprensión vuelve siempre sobre los juicios y prejuicios que precedieron y guiaron a la investigación estrictamente científica. Las ciencias solo pueden iluminar, no probar ni refutar, la comprensión acrítica previa de la que parten. Si el científico, desorientado por su propio trabajo de investigación, empieza a hacerse pasar por experto en política y a despreciar la comprensión popular de la que partió, entonces pierde de inmediato el hilo de Ariadna del sentido común, que es el único que le puede guiar de forma segura por el laberinto de sus propios resultados. Si, por otro lado, el académico quiere trascender su propio conocimiento —y la única forma de hacer que el conocimiento sea significativo consiste en trascenderlo—, entonces ha de volverse de nuevo muy humilde y, a fin de restablecer el contacto entre conocimiento y comprensión, escuchar atentamente ese lenguaje popular

---

suficiente terreno como para conferir al diálogo de la comprensión su contenido concreto y específico.

en el que términos como *totalitarismo* son usados a diario como clichés políticos y tergiversados como eslóganes.

El uso popular del término *totalitarismo* para denunciar cierto mal político supremo tiene apenas unos cinco años. Hasta el final de la Segunda Guerra Mundial, e incluso durante los primeros años de la posguerra, el cliché utilizado para el mal político era el término *imperialismo*, el cual solía designar la agresión en el terreno de la política exterior, y la identificación era tan completa que ambos términos resultaban fácilmente intercambiables. De modo similar, la expresión *totalitarismo* es usada hoy para hacer referencia al ansia de poder, a la voluntad de dominar, al terror y a la llamada estructura monolítica del Estado. El cambio es en sí mismo digno de mención. El «imperialismo» seguía siendo un cliché popular largo tiempo después del auge del bolchevismo, el fascismo y el nazismo; es obvio que la gente o bien no estaba aún al día de los acontecimientos, o bien no creía que estos nuevos movimientos fuesen a terminar dominando todo el periodo histórico. Es más, no fue una guerra contra un poder totalitario, sino solo la caída efectiva del imperialismo (aceptada como tal tras la liquidación del Imperio británico y el ingreso de la India en la *Commonwealth* británica), lo que determinó el momento en que se admitió que el nuevo fenómeno, el totalitarismo, había ocupado el lugar del imperialismo como cuestión política central de la época.

Pero si bien el lenguaje popular reconoce un nuevo acontecimiento aceptando una nueva palabra, invariablemente utiliza tales conceptos como sinónimos de otros que hacen referencia a los antiguos y familiares males —la agresión y el afán de conquista en el caso del imperialismo, y el terror y el afán de poder en el caso del totalitarismo—. La elección de la nueva palabra indica que todo el mundo sabe que algo nuevo y decisivo ha sucedido, mientras que su uso posterior, es decir, la identificación del fenómeno nuevo y específico con algo familiar y más bien general, indica la resistencia a admitir que algo extraordinario ha ocurrido. Es como si con el primer paso, el de encontrar un nuevo nombre para la nueva fuerza que determinará nuestro destino político, nos orientásemos hacia condiciones nuevas y específicas, mientras que con el segundo paso nos lo hubiésemos pensado mejor, lamentásemos nuestra osadía y nos consolásemos con la idea que nada peor o menos familiar que la pecaminosidad general del hombre tendrá lugar.

El lenguaje popular, en la medida en que da expresión a la comprensión previa, inicia el proceso de la verdadera comprensión.[9] Su descubrimiento deberá permanecer siempre como el contenido de dicha compren-

9. Por lo tanto, el lenguaje de la comprensión popular nos presenta el principal descubrimiento y el mayor peligro de nuestro esfuerzo de comprensión.

sión verdadera, o correremos el riesgo de perdernos en las nubes de la pura especulación —un peligro siempre presente—. Esta comprensión acrítica por parte del pueblo fue la que, por encima de todo, indujo a una generación de historiadores, economistas y politólogos a dedicar sus esfuerzos a la investigación de las causas y las consecuencias del imperialismo, y, al mismo tiempo, a interpretarlo erróneamente como la «construcción de un imperio» al estilo asirio, egipcio o romano, y a confundir los motivos subyacentes con el «afán de conquista», describiendo a Cecil Rhodes como un segundo Napoleón, y a Napoleón como un segundo Julio César. De manera similar, el totalitarismo solo se convirtió en tema de estudio cuando la comprensión preliminar lo contempló como la cuestión central y el peligro más relevante de nuestro tiempo. Las interpretaciones actuales, incluso en las más altas esferas académicas, se dejan guiar más allá por el esquema de la comprensión previa: equiparan la dominación totalitaria con la tiranía o con la dictadura de partido único, siempre y cuando no intenten explicar todo el asunto reduciéndolo a causas históricas, sociales o psicológicas que solo resultan relevantes en un país, ya sea este Alemania o Rusia. Es evidente que tales métodos no hacen avanzar los esfuerzos de comprensión, pues sumergen en un maremágnum de familiaridad y plausibilidad todo aquello que no es familiar y necesita ser comprendido.[10] Como Nietzsche observó en cierta ocasión, al «desarrollo de la ciencia» le corresponde «disolver lo "conocido" en lo desconocido; pero la ciencia *quiere* hacer lo *contrario*, la mueve el instinto de reducir lo desconocido a algo que resulta conocido».[11]

Pero ¿acaso la tarea de comprensión no se vuelve imposible si es cierto que nos enfrentamos a algo que ha destruido nuestras categorías de pensamiento y nuestros patrones de juicio? ¿Cómo medir longitudes si no tenemos unidad de medida? ¿Cómo contar cosas sin la no-

---

10. La misma necesidad de orientación en un mundo transformado mediante un acontecimiento nuevo que incita a la gente a comprenderlo debería servir también como guía de la verdadera comprensión, salvo que queramos perdernos en el laberinto de hechos y cifras construido por la insaciable curiosidad de los estudiosos. La verdadera comprensión se distingue de la opinión pública —la popular y la científica— únicamente por su negativa a deshacerse de la intuición original. Por expresarlo de forma esquemática y por lo tanto necesariamente inadecuada, es como si, cada vez que nos enfrentásemos a algo temiblemente nuevo, nuestro primer impulso consistiese en asumir dicha novedad mediante una ciega y descontrolada reacción que es lo suficientemente fuerte como para acuñar una nueva palabra; nuestro segundo impulso consistiría en intentar recuperar el control negando que hayamos visto algo nuevo, pretendiendo que ya conocemos algo similar; y solo un tercer impulso podría llevarnos de vuelta a lo que vimos y conocimos al principio. Sería aquí donde comenzaría el esfuerzo por lograr una verdadera comprensión.

11. F. Nietzsche, *La voluntad de poder*, 608.

ción de números? Quizá resulte ridículo pensar que nuestras categorías están equipadas para comprender cualquier cosa que pueda ocurrir. Tal vez deberíamos resignarnos a la comprensión previa, que inmediatamente coloca lo nuevo entre lo viejo, y al enfoque científico que la sigue y que de forma metódica deduce lo inaudito a partir de los precedentes, y ello aunque pueda demostrarse que tal descripción de los nuevos fenómenos no se ajusta a la realidad. ¿Acaso comprender no está tan estrechamente relacionado e interrelacionado con juzgar que debemos describir ambas cosas como la subsunción (de algo particular bajo una norma universal) que, según Kant, representa la definición misma de juicio, un juicio cuya ausencia él definió magníficamente como «estupidez», como «dolencia sin remedio»?[12]

Todas estas cuestiones resultan aún más pertinentes si tenemos en cuenta que no se circunscriben a nuestra perplejidad para comprender el totalitarismo. La paradoja de la situación contemporánea parece consistir en que nuestra necesidad de trascender tanto la comprensión preliminar como el enfoque estrictamente científico se deriva del hecho de que hemos perdido nuestras herramientas de comprensión. Nuestra búsqueda de significado es motivada y frustrada a un mismo tiempo por

12. I. Kant, *Crítica de la razón pura*, 172-173.

nuestra incapacidad de engendrar dicho significado. La definición kantiana de la estupidez no está en absoluto fuera de lugar. Desde comienzos del presente siglo, el crecimiento de lo carente de sentido se ha visto acompañado de la pérdida de sentido común. En muchos aspectos, esto ha asomado simplemente como una creciente estupidez. No conocemos ninguna civilización anterior a la nuestra en la que la gente haya sido tan crédula como para formar sus hábitos de compra según la máxima «no hay mejor recomendación que el autobombo», es decir, según la máxima de toda campaña publicitaria. Asimismo, parece difícil que algún siglo previo al nuestro haya sido convencido para tomarse en serio una terapia que supuestamente solo sirve si los pacientes pagan una buena suma de dinero a quienes la administran —a no ser, claro está, que exista una sociedad primitiva en la que la entrega de dinero tenga poderes mágicos.

Lo sucedido con las pequeñas y sensatas reglas del interés propio ha sucedido a escala mucho mayor en todas las esferas de la vida cotidiana que, precisamente por ser cotidianas, necesitan ser reguladas por las costumbres. Los fenómenos totalitarios, que ya no pueden entenderse en términos de sentido común y que desafían todas las reglas de juicio «normal», es decir, básicamente utilitarista, son solo los ejemplos más espectaculares del colapso de la sabiduría común que hemos heredado. Desde el punto de vista del sentido común, no necesitábamos el auge del totalitarismo para ver que vivimos en un mundo al revés, un mundo en el que no podemos orientarnos acatando las reglas de lo que una vez fue el sentido común. En esta situación, la estupidez en sentido kantiano se ha convertido en la enfermedad de todo el mundo, por lo que ya no se la puede considerar una «dolencia sin remedio». Se ha vuelto tan común como lo fue antes el sentido común; y esto no quiere decir que sea un síntoma de la sociedad de masas o que las personas «inteligentes» estén libres de ello. La única diferencia radica en que la estupidez permanece felizmente inarticulada entre los no intelectuales y se vuelve insoportablemente ofensiva entre las personas «inteligentes». En el caso de la *intelligentsia*, incluso podríamos decir que cuanto más inteligente es un individuo, más irritante resulta la estupidez que comparte con todos los demás.

Parece de justicia histórica el que Paul Valéry, la mente más lúcida entre los franceses —el clásico pueblo del *bon sens*—, fuese el primero en detectar la bancarrota del sentido común en el mundo contemporáneo, donde las ideas más comúnmente aceptadas han sido «atacadas, refutadas, sorprendidas y disueltas por los *hechos*» y donde, por lo tanto, somos testigos de «una especie de insolvencia de la imaginación y de bancarrota de la comprensión».[13] Mucho más sorprendente resulta el que, ya en fecha tan temprana como el siglo XVIII, Montesquieu estuviese convencido de que lo único que impedía el espectacular colapso moral y espiritual de la cultura occidental eran las costumbres —las cuales, en el sentido de buenas costumbres, constituyen la moralidad de cualquier civilización—. Ciertamente, el autor no debe ser incluido entre los profetas de la fatalidad, pero su frío y sobrio coraje apenas logró ser igualado en el siglo XIX por alguno de los famosos pesimistas históricos.

Según Montesquieu, la vida de los pueblos es gobernada por leyes y costumbres, las cuales se distinguen entre sí por el hecho de que «las leyes gobiernan las acciones del ciudadano y las costumbres gobiernan las acciones del hombre».[14] Las leyes establecen el ámbito de la vida pública política, y las costumbres establecen el ámbito de la sociedad. La decadencia de las naciones comienza con el socavamiento de la legalidad, bien porque el gobierno en el poder abusa de las leyes o bien porque la autoridad de la fuente de dichas leyes se vuelve dudosa y cuestionable. En ambos casos, las leyes de-

13. P. Valéry, *Regards sur le monde actuel.*
14. Montesquieu, *El espíritu de las leyes,* lib. XIX, cap. 16.

jan de ser contempladas como válidas. El resultado es que la nación, junto con su «fe» en sus propias leyes, pierde su capacidad para la acción política responsable; el pueblo deja de ser ciudadanía en el pleno sentido de la palabra. Lo que queda entonces (e incidentalmente explica la frecuente longevidad de los cuerpos políticos exangües) son las costumbres y las tradiciones de la sociedad. Mientras estas permanezcan intactas, los hombres, en cuanto individuos privados, continúan comportándose de acuerdo con ciertos patrones morales. Pero esta moral ha perdido su fundamento. La tradición solo podrá evitar lo peor durante un tiempo limitado. Cualquier incidente puede destruir unas costumbres y una moral que ya no tienen su fundamento en la legalidad; cualquier contingencia amenazará a una sociedad que ya no está garantizada por los ciudadanos.

Con respecto a su propia época y las perspectivas inmediatas, Montesquieu dijo lo siguiente:

> La mayoría de las naciones de Europa todavía es gobernada por las costumbres. Pero si, mediante un largo abuso de poder o una vasta conquista, el despotismo se estableciese en un punto dado, no habría ni costumbres ni clima que se le pudiesen resistir; entonces, en esta bella parte del mundo la naturaleza humana sufriría, al me-

nos durante un tiempo, los agravios a los que se ha visto sometida en las otras tres partes.[15]

En este pasaje, Montesquieu esboza los peligros políticos que acechan a un cuerpo político sostenido solo por costumbres y tradiciones, es decir, por la mera fuerza vinculante de la moralidad. Los peligros podrían venir de dentro, como abuso de poder, o de fuera, como agresión. Pero el autor no pudo prever el factor que finalmente causaría el colapso de las costumbres a comienzos del siglo XIX. Se trata de esa transformación radical del mundo a la que llamamos Revolución Industrial, sin duda la más grande y más rápida revolución que la humanidad ha presenciado; el orbe entero cambió en unas décadas de forma más radical que en los tres mil años previos de los registros históricos. Al reconsiderar los temores de Montesquieu, expresados casi cien años antes de que esta revolución desplegase toda su fuerza, resulta tentador reflexionar sobre cuál podría haber sido el curso de la civilización europea sin el impacto de este factor primordial. Una conclusión parece ineludible: el gran cambio tuvo lugar en un marco político cuyos fundamentos habían dejado de ser seguros y, por lo tanto, sobrepasó a una sociedad que, si bien to-

15. *Ibid.*, lib. VIII, cap. 8.

davía era capaz de comprender y de juzgar, ya no podía dar cuenta de sus categorías de comprensión y sus patrones de juicio cuando estos sufrían un serio desafío. En otros términos, los temores de Montesquieu, que sonaban como algo sumamente extraño en el siglo XVIII y como un lugar común en el XIX, pueden al menos darnos una pista de la explicación, no del totalitarismo o de cualquier otro acontecimiento específicamente contemporáneo, sino del perturbador hecho de que nuestra gran tradición haya permanecido tan singularmente silenciosa, tan falta de respuestas fecundas ante el desafío de las cuestiones «morales» y políticas de nuestro tiempo. Las propias fuentes de las que deberían haber brotado tales respuestas se habían secado. El marco mismo en el que la comprensión y el juicio podrían surgir ha desaparecido.

No obstante, los temores de Montesquieu van aún más lejos y, en consecuencia, se acercan a nuestra perplejidad presente más de lo que el pasaje anteriormente citado podría indicar.[16] El temor principal del autor, que él pone a la cabeza de toda su obra, concierne a algo más que al bienestar de las naciones europeas y al futuro de

16. Montesquieu había pensado muy a fondo el mal de la tiranía por un lado y las condiciones de la libertad humana por otro, de modo que inevitablemente se había visto conducido a extraer algunas conclusiones últimas.

la libertad política; concierne a la naturaleza humana en sí misma:

> El hombre, ese ser maleable que se somete en sociedad a los pensamientos e impresiones de los demás, es tan capaz de conocer su propia naturaleza cuando le es mostrada como de perder hasta el sentimiento de la misma *[d'en prerdre jusqu'au sentiment]* cuando se le está desposeyendo de ella. [17]

Para nosotros, confrontados con la tentativa demasiado real del totalitarismo de desposeer al hombre de su naturaleza so pretexto de cambiarla, el coraje de estas palabras es como la osadía de la juventud, que en su imaginación lo arriesgaría todo porque aún no ha ocurrido nada que confiera a los peligros imaginados su horrible concreción. Lo que se avista aquí es algo más que la pérdida de capacidad para la acción política, condición central de una tiranía, y algo más que el crecimiento de lo carente de sentido y que la pérdida de sentido común (este es solo esa parte de la mente y esa porción de sabiduría heredada que todos los hombres tienen en común en cualquier civilización); lo que se avista es la pérdida de la búsqueda del sentido y de la necesidad de

17. *Ibid.*, «Prefacio».

comprender. Sabemos cuán cerca han estado los pueblos bajo dominación totalitaria de ser llevados, por medio del terror y del adiestramiento ideológico, a esta condición de ausencia de todo sentido, si bien ellos mismos ya no la experimentan como tal.[18]

En nuestro contexto es digna de mención la extraña e ingeniosa sustitución del sentido común por el logicismo estricto, una sustitución característica del pensamiento totalitario. El logicismo no es idéntico al razonamiento ideológico, pero indica la transformación totalitaria de las ideologías. Si la peculiaridad de tales ideologías consistía en que una hipótesis científica —«la supervivencia de los más aptos», en la biología, o «la supervivencia de la clase más progresista», en la historia— era tratada como una «idea» aplicable al curso íntegro de los acontecimientos, entonces la peculiaridad de su transformación ideológica consiste en la perversión de esta «idea» para convertirla en una premisa en el sen-

18. Si hay algo que podamos salvar de la conflagración en la que estamos inmersos, se trata sin duda de esos elementos esenciales que son incluso más básicos que los fundamentos de la ley y que su entretejida textura de la tradición y la moral. Dichos elementos esenciales tan solo pueden decirnos que la Libertad es la quintaesencia de la condición humana, y la Justicia, la quintaesencia de la condición social del hombre; en otros términos, la Libertad es la esencia del individuo humano, y la Justicia, la esencia de la vida en común de los hombres. Libertad y Justicia solo podrán desaparecer de la tierra si desaparece físicamente la raza humana.

tido lógico, es decir, un enunciado autoevidente del que todo lo demás puede deducirse con rigurosa coherencia lógica. (Aquí, la verdad se convierte sin duda en eso que algunos lógicos pretenden que es, a saber, coherencia; pero esta equivalencia implica en realidad la negación de la existencia de la verdad, en la medida en que se supone que dicha verdad siempre revela algo, mientras que la coherencia es solo un modo de encajar juntas diversas afirmaciones y, como tal, carece del poder de revelación. La nueva corriente lógica en filosofía, que surgió del pragmatismo, tiene una temible afinidad con la transformación totalitaria de los elementos pragmáticos inherentes a todas las ideologías en un logicismo que corta amarras con la realidad y con la experiencia.[19] Por supuesto, el totalitarismo procede de un modo más cru-

19. En una conferencia pronunciada el mismo año en que se publicó este ensayo, Arendt profundizó en la distinción entre totalitarismo y pragmatismo: «El totalitarismo se distingue del pragmatismo en que ha dejado de creer que la realidad como tal pueda enseñarnos algo y en que, consecuentemente, ha perdido ese respeto por los hechos que caracterizaba a un marxismo previo. El pragmatismo, incluso en su versión leninista, todavía asume con la tradición del pensamiento occidental que la realidad revela al hombre la verdad, aunque afirma que la actitud apropiada para la revelación de la verdad no es la contemplación sino la acción. [...] El pragmatismo siempre asume la validez de la experiencia y "actúa" en consonancia; el totalitarismo asume solo la validez de la ley de una Historia o una Naturaleza en movimiento. Quienquiera que actúe en consonancia con esta ley no necesita ya experiencias particulares». *Tota-*

do, el cual, por esa misma razón, y por desgracia, es
también más efectivo.)

La principal diferencia política entre el sentido común y la lógica consiste en que el sentido común presupone un mundo común en el que todos encajamos, en
el que podemos vivir juntos porque poseemos un sentido que controla y ajusta todos los datos sensoriales rigurosamente particulares a los datos de todas las demás
personas, mientras que la lógica y toda autoevidencia a
partir de la cual procede el razonamiento lógico pueden
reclamar para sí una fiabilidad completamente independiente del mundo y de la existencia de otras personas.
Con frecuencia se ha observado que la validez de la afirmación 2+2=4 es independiente de la condición humana, es válida por igual para Dios y para el hombre. En
otros términos, siempre que en nuestra necesidad de
comprensión nos falla el sentido común, el sentido político por excelencia, tendemos a aceptar el logicismo
como sustituto, pues la capacidad para el razonamiento
lógico es también común a todos nosotros. Pero esta
capacidad humana común, que opera incluso en condiciones de completa separación del mundo y de la experiencia, y que es rigurosamente «interna», carente de

*litarismo. Actas de una conferencia pronunciada en la American Aca-
demy of Arts and Sciences,* marzo de 1953, ed. y pról. C. J. Friedrich,
Cambridge, Massachusetts, p. 228. *(N. del E.)*

vínculo con lo «dado», es incapaz de comprender nada y, librada a sí misma, resulta completamente estéril. Solo en condiciones en las que el ámbito común *entre* los hombres es destruido, y en las que lo único fiable que nos queda son las absurdas tautologías de lo autoevidente, puede esta capacidad para el razonamiento lógico volverse «productiva» y desarrollar sus propias líneas de pensamiento, cuya característica política principal consiste en comportar siempre el poder de la persuasión. Equiparar el pensamiento y la comprensión con estas operaciones lógicas significa rebajar la capacidad de pensamiento —considerada durante milenios la más elevada capacidad del hombre— a su mínimo común denominador, de modo que ya no importan las diferencias en la existencia real, ni siquiera la diferencia cualitativa entre la esencia de Dios y la de los hombres.

Para quienes se han embarcado en la búsqueda de significado y de la comprensión, lo aterrador del auge del totalitarismo no radica en que sea algo nuevo, sino en que ha sacado a la luz la ruina de nuestras categorías de pensamiento y nuestros patrones de juicio. Lo novedoso representa el reino del historiador, quien —a diferencia del científico natural, ocupado en lo recurrente— se ocupa siempre de acontecimientos que ocurren una sola vez. Este carácter novedoso puede ser manipulado si el historiador insiste en la causalidad y pretende ser capaz de explicar los acontecimientos mediante una cadena de causas que finalmente condujo a ellos. En este caso, el historiador se hace pasar por el «profeta vuelto de espaldas»,[20] y lo único que lo separa del don de la verdadera profecía parecen ser las lamentables limitaciones físicas del cerebro humano, el cual, por desgracia, es incapaz de contener y combinar correctamente todas las causas que están operando al unísono. Sin embargo, en el terreno de las ciencias históricas la causalidad es una categoría enteramente extraña y falsificadora. No es solo que el verdadero significado de todo acontecimiento trascienda siempre cualquier conjunto de «causas» pasadas que podamos asignarle (basta con pensar en la grotesca disparidad entre «causa» y «efecto» en un acontecimiento como la Primera Guerra Mundial),[21] sino que además este pasado solo surge con el propio

20. F. von Schlegel, *Athenaeum*, frag. 80.

21. Uno de los problemas principales que el acontecimiento, por su naturaleza misma, presenta al historiador consiste en que su significación siempre parece no solo distinta sino también mucho mayor que la de los elementos que lo componen y que la de las intenciones que provocaron su cristalización. ¿Quién podría dudar de que la significación histórica de la Primera Guerra Mundial trascendió todos los elementos latentes de conflicto que estallaron en ella, así como todo bien y todo mal perseguidos por los estadistas implicados? En este caso concreto, incluso el factor de libertad que finalmente causó tanto la cristalización de esos elementos como la guerra queda empequeñecido hasta lo ridículo.

acontecimiento. Solo una vez que algo irrevocable ha ocurrido podemos intentar remontar el curso de la historia. El acontecimiento ilumina su propio pasado; nunca puede deducirse de este.[22]

La historia nace cuando ocurre un acontecimiento lo suficientemente grande como para iluminar su propio pasado. Solo entonces el caótico laberinto de sucesos pasados emerge como un relato que es posible contar, pues tiene un comienzo y un fin. Heródoto no es solo el primer historiógrafo, sino que, en palabras de Karl Reinhardt, «la historia existe desde Heródoto»,[23] es decir, el pasado griego se convirtió en historia gracias a la luz que sobre él arrojaron las guerras médicas. Lo que el acontecimiento iluminador revela es un comienzo (en el pasado) que hasta entonces había permanecido oculto; a ojos del historiador, dicho acontecimiento no

22. Los elementos del totalitarismo encierran en sí sus orígenes, siempre y cuando por orígenes no entendamos «causas». Los elementos, por sí solos, nunca causan nada. Se convierten en origen de acontecimientos si, y cuando, cristalizan repentinamente en formas fijas y definidas. Es la luz del acontecimiento mismo la que nos permite distinguir entre los elementos concretos de tal acontecimiento y el infinito número de las posibilidades abstractas, y es esta misma luz la que debe guiarnos retrospectivamente hacia el oscuro y equívoco pasado de los elementos mismos. En este sentido, es legítimo hablar de los orígenes del totalitarismo, o de los de cualquier otro acontecimiento histórico.

23. K. Reinhardt, «Herodotus Persergeschichten», en *Vom Werken und Formen*, 1948.

puede sino aparecer como un fin de este comienzo recién descubierto. Solo cuando en la historia futura ocurra un nuevo acontecimiento, este «fin» se revelará a ojos de los historiadores futuros como un comienzo. Y el ojo del historiador es solo la mirada científicamente entrenada de la comprensión humana; únicamente podemos *comprender* un acontecimiento como fin y culminación de todo lo que pasó antes, como «consumación de los tiempos»; solo en la acción procederemos de una manera natural a partir del conjunto modificado de circunstancias que el acontecimiento ha creado, es decir, solo en la acción lo trataremos como un comienzo.

Quienquiera que crea honestamente en la causalidad en las ciencias históricas niega en realidad la materia de su propia ciencia.[24] Tal creencia puede ocultarse en la aplicación de categorías generales (por ejemplo, *desafío* y *respuesta*) al curso íntegro de los acontecimientos o bien en la búsqueda de tendencias generales que supuestamente representan los estratos «más profundos», unos estratos de los que, a modo de síntomas accesorios, bro-

24. Por la misma razón, niega la existencia misma de los acontecimientos que, siempre de modo repentino e impredecible, cambian la fisonomía completa de una época determinada. Dicho de otro modo, es mediante la creencia en la causalidad como el historiador niega esa libertad humana que, en términos de las ciencias políticas e históricas, consiste en la capacidad de comenzar de nuevo.

tan los acontecimientos. Tales generalizaciones y categorizaciones extinguen la luz «natural» ofrecida por la propia historia y, por la misma razón, destruyen el verdadero relato —con su singularidad y su significado eterno— que cada periodo histórico ha de ofrecernos. En el marco de las categorías preconcebidas, la más tosca de las cuales es la causalidad, nunca pueden tener lugar los acontecimientos entendidos como algo irrevocablemente nuevo; la historia sin acontecimientos se convierte en la muerta monotonía de la invariabilidad, desplegada en el tiempo —el *eadem sunt omnia semper* (todas las cosas son siempre las mismas) de Lucrecio.[25]

Del mismo modo que, en nuestra vida personal, los peores miedos y las mayores esperanzas nunca nos pre-

---

25. El hecho de que la discrepancia entre «causa y efecto» alcance proporciones cómicas se ha convertido en uno de los sellos de identidad de la historia y la política contemporáneas —e, incidentalmente, es una de las principales razones de que a los historiadores e ideólogos contemporáneos les tienten tanto ciertas nociones de causalidad objetiva o alguna creencia supersticiosa en la necesidad, ya sea como maldición o como salvación—. Con todo, cierta discrepancia entre los elementos objetivos y la acción humana libre, por una parte, y el acontecimiento —con el carácter majestuoso de su irrevocabilidad, su originalidad y su abundancia de significado—, por otra parte, siempre está presente e impregna toda la realidad humana. Tal es también la razón de que no conozcamos ningún acontecimiento histórico que no dependa de una gran cantidad de coincidencias o respecto del cual no podamos imaginar una o más alternativas. La necesidad que, consciente o inconscientemente, toda

paran adecuadamente para lo que realmente pasa —pues en el momento en que tiene lugar un hecho, incluso el previsto, todo cambia, y nunca podemos estar preparados para la inagotable literalidad de este «todo»—, así también cada acontecimiento de la historia humana revela un paisaje inesperado de acciones, sufrimientos y nuevas posibilidades que en conjunto trascienden la suma total de todas las voluntades y el significado de todos los orígenes. La tarea del historiador consiste en detectar esta inesperada *novedad*, con todas sus implicaciones, en cualquier periodo y en poner de relieve todo el poder de su significado. Ha de saber que su relato, si bien tiene un principio y un fin, discurre en un marco más amplio, la historia misma.[26] Y la historia es un relato que tiene muchos comienzos pero ningún final. Este fi-

_____

la historiografía causal presupone no existe en la Historia. Lo que realmente existe es la irrevocabilidad de los acontecimientos mismos, cuya aguda efectividad en el campo de la acción política no significa que ciertos elementos del pasado hayan recibido una forma definida y definitiva, sino que algo ineludiblemente nuevo ha nacido. Solo podemos escapar de esta irrevocabilidad mediante la sumisión a una secuencia mecánica del tiempo sin acontecimientos y sin significado.

26. Ha de tener sentido de la realidad, no necesariamente entendido como ser práctico y realista, sino como el hecho de haber experimentado el verdadero poder de todas las cosas reales, que es el poder de superar todas nuestras expectativas y nuestros cálculos. Y, dado que esta abrumadora cualidad de lo real está obviamente

nal, en cualquier sentido estricto y último de la palabra, solo podría consistir en la desaparición del hombre de la tierra. Y es que aquello a lo que el historiador llama un final, ya sea de un periodo, de una tradición o de toda una civilización, representa un nuevo comienzo para quienes están vivos.[27] La falacia de todas las profecías de la fatalidad reside en su desprecio por este hecho sencillo pero fundamental.

Para el historiador, no olvidar este hecho debe ser tan importante como controlar eso que los franceses llaman *déformation professionnelle*. Dado que se ocupa del pasado, es decir, de ciertos movimientos que la mente no podría captar si no hubiesen llegado a algún tipo de final, solo tiene que generalizar para ver un fin (y un destino)

---

conectada con el hecho de que los hombres, sin que importe lo bien o mal integrados que estén en la comunidad de sus iguales, siempre continúan siendo individuos a los que algún peligro o alguna providencia arrojan a la aventura de la vida en la tierra, bien haría el historiador en recordar que es siempre un hombre en solitario el que afronta lo que todos los hombres juntos han hecho y han sufrido, el que tiene que amoldarse a ello e intenta actuar en consecuencia.

27. Un acontecimiento pertenece al pasado, marca un final, en la medida en que elementos que tienen sus orígenes en el pasado se ven reunidos en una cristalización repentina; pero pertenece al futuro, marca un comienzo, en la medida en que esa misma cristalización nunca puede deducirse de sus propios elementos, sino que invariablemente es causada por algún factor que reside en la esfera de la libertad humana.

por doquier. Le resulta natural ver en la historia un relato con muchos finales y ningún comienzo; y esta inclinación solo se vuelve verdaderamente peligrosa cuando —por la razón que sea— la gente empieza a crear una filosofía a partir de la historia tal como esta se presenta a los ojos profesionales del historiador. Casi todas las explicaciones contemporáneas de la llamada historicidad del hombre se han visto distorsionadas por categorías que, en el mejor de los casos, son hipótesis de trabajo para ordenar el material del pasado.

Afortunadamente, la situación de las ciencias políticas, que en el sentido más elevado están llamadas a la búsqueda de significado y a dar respuesta a la necesidad de una verdadera comprensión de los datos políticos, es muy distinta. La gran importancia que el concepto de comienzo y origen tiene para todas las cuestiones estrictamente políticas proviene del simple hecho de que la acción política, como toda acción, siempre es en esencia el comienzo de algo nuevo; como tal, en términos de la ciencia política, representa la esencia misma de la libertad humana. Y, al permitir que las ciencias históricas suministren sus métodos y sus categorías al campo de la política, se ha hecho que el concepto de comienzo y origen pierda esa posición central que debe ocupar en todo pensamiento político. Esta centralidad del origen estaba indicada en el pensamiento griego mediante el término *arjé,* que significa tanto *principio* como *regla.* Y, aunque los intérpretes contemporáneos suelan pasarlo por alto, todavía estaba completamente viva en la teoría del poder político desarrollada por Maquiavelo, según la cual el acto de fundación —es decir, el comienzo consciente de algo nuevo— requiere y justifica el uso de la violencia. En su significado pleno, sin embargo, la importancia de los comienzos fue descubierta por el único gran pensador que vivió en un periodo que, en algunos aspectos, se parece al nuestro más que ningún otro hallado en los registros históricos, y que además escribió bajo el pleno impacto de un final catastrófico que quizá se parece a ese final que hemos conocido nosotros. Me refiero a Agustín de Hipona, quien dijo: *«Initium ergo ut esset, creatus est homo, ante quem nullus fuit»* («Para que hubiese un comienzo, fue creado el hombre, antes del cual no había nadie»).[28] Según Agustín de Hipona, quien bien puede ser definido como el padre de toda la filosofía occidental de la historia, el hombre no solo tiene capacidad de comenzar, sino que además él mismo es ese comienzo.[29] Si la creación del hombre coincide con la creación de un

28. Agustín de Hipona, *Civitas Dei,* lib. XII, cap. 20.
29. La llamada cadena de sucesos —tal cosa, estrictamente hablando, es una contradicción en los términos— se interrumpe a cada minuto con el nacimiento de un nuevo ser humano que trae al mundo un nuevo comienzo.

comienzo en el universo (¿y qué otra cosa significa esto sino la creación de la libertad?), entonces el nacimiento de hombres individuales, siendo ellos nuevos comienzos, reafirma el carácter *original* del hombre de tal modo que el origen nunca puede convertirse por completo en una cosa del pasado; el hecho mismo de la memorable continuidad de estos comienzos en la sucesión de las generaciones garantiza una historia que nunca puede finalizar porque es la historia de seres cuya esencia es comenzar.

A la luz de estas reflexiones, nuestro esfuerzo por comprender algo que ha arruinado nuestras categorías de pensamiento y nuestros patrones de juicio parece menos aterrador. Aunque hayamos perdido las unidades de medida de lo particular así como las reglas bajo las que subsumirlo, lo cierto es que un ser cuya esencia es comenzar puede tener en su interior suficiente originalidad como para comprender sin categorías preconcebidas y como para juzgar sin ese repertorio de reglas consuetudinarias representado por la moral. Si la esencia de toda acción, y en particular de la acción política, es crear un nuevo comienzo, entonces la comprensión se convierte en la otra cara de la acción, es decir, en esa forma de cognición, distinta de muchas otras, mediante la cual los hombres que actúan (y no aquellos que están ocupados contemplando cierto curso progresivo o fatal de la historia) pueden llegar a asumir lo que ha ocurrido irrevocablemente y reconciliarse con lo que inevitablemente existe.

Como tal, la comprensión es una empresa extraña. Al final, puede que no haga más que articular y confirmar lo que la comprensión preliminar —que consciente o inconscientemente siempre está implícita en la acción— presentía desde el inicio.[30] La comprensión no rehuirá este círculo, sino que, al contrario, será consciente de que cualquier otro resultado estaría tan alejado de la acción —de la cual la comprensión es solo la otra cara— que no podría ser verdadero. Tampoco rehuirá ese círculo que los lógicos llaman «vicioso»; en este aspecto, incluso puede parecerse de algún modo a la filosofía, donde los grandes pensamientos siempre dan vueltas en círculo, ocupando a la mente humana en nada menos que un interminable diálogo entre ella misma y la esencia de todo lo que es.[31]

En este sentido, todavía podría ser válida para nosotros la antigua plegaria que el rey Salomón —quien sin duda algo sabía de la acción política— dirigía a Dios para pedirle un «corazón comprensivo» como mayor don que un hombre puede recibir y desear. Tan apartado

30. Por ejemplo, que los gobiernos totalitarios niegan de manera radical la libertad humana.
31. De las cosas y los acontecimientos.

del sentimentalismo como del papeleo, el corazón humano es la única cosa en el mundo que asumirá la carga depositada sobre nosotros por el don divino de la acción, el don de ser un comienzo y, por lo tanto, tener la capacidad de crear un comienzo. Salomón pedía en su oración este don particular porque era un rey y sabía que solo un «corazón comprensivo», y no la mera reflexión o el mero sentimiento, hace que nos resulte soportable vivir con otros hombres, eternos extraños, en un mismo mundo, y que a ellos les sea posible soportarnos a nosotros.[32]

Si queremos traducir el lenguaje bíblico a términos más próximos a nuestra forma de hablar (aunque difícilmente más precisos), podemos denominar al don del «corazón comprensivo» facultad de imaginar. A diferencia de la fantasía, que sueña algo, la imaginación se ocupa de la particular oscuridad del corazón humano y de la peculiar densidad que envuelve todo lo real. Siempre que hablamos de la «naturaleza» o la «esencia» de una cosa, nos referimos en realidad a este núcleo más profundo, de cuya existencia nunca podemos estar tan seguros como lo estamos con respecto a la oscuridad y densidad. La verdadera comprensión no se cansa del in-

---

32. Solo en la paciente resistencia que se da en el círculo no vicioso de la comprensión se disuelve toda autocomplacencia, así como toda presunción de «saber más que el resto».

terminable diálogo y de los «círculos viciosos», pues confía en que en última instancia la imaginación captará al menos un destello de la siempre temible luz de la verdad. Distinguir la imaginación de la fantasía y movilizar su poder no significa que la comprensión de los asuntos humanos se vuelva «irracional». Al contrario, como dijo Wordsworth, la imaginación «no es sino otro nombre para [...] la más clara de las percepciones, la amplitud de mente y la Razón en su más elevado ánimo».[33]

Solo la imaginación nos permite ver las cosas en la perspectiva adecuada; nos hace lo suficientemente fuertes como para poner a cierta distancia lo que se halla demasiado próximo, de modo que podamos verlo y comprenderlo sin sesgos ni prejuicios; nos hace lo suficientemente generosos como para tender puentes sobre los abismos de lo remoto, hasta que podemos ver y comprender como si fuera un asunto propio todo lo que está demasiado alejado de nosotros. Este distanciamiento de ciertas cosas y estos puentes hacia otras son parte del diálogo de comprensión, para cuyos propósitos la experiencia directa establece un contacto demasiado próximo y el mero conocimiento levanta barreras artificiales.

Sin este tipo de imaginación, y sin la comprensión que de él brota, jamás seríamos capaces de orientarnos

---

33. W. Wordsworth, *The Prelude,* XIV, 190-192.

en el mundo. Se trata de nuestra única brújula interna. Somos contemporáneos solo hasta donde nuestra comprensión alcanza. Si queremos sentirnos en casa en esta tierra, incluso al precio de sentimos en casa en este siglo, debemos intentar participar en el interminable diálogo con la esencia del totalitarismo.

SOBRE LA NATURALEZA
DEL TOTALITARISMO
Ensayo de comprensión

I

Para combatir el totalitarismo, solo es necesario comprender una cosa: se trata de la negación más radical de la libertad. Ahora bien, esta negación de la libertad es común a todas las tiranías y no resulta de primordial importancia a la hora de comprender la naturaleza peculiar del totalitarismo. En cualquier caso, quien no puede ser movilizado cuando la libertad está amenazada no se movilizará jamás. Incluso las admoniciones morales y el clamor contra crímenes inauditos en la historia, y no previstos por los Diez Mandamientos, serán de poca ayuda. La propia existencia de movimientos totalitarios en el mundo no totalitario, es decir, el atractivo que el totalitarismo ejerce sobre quienes cuentan con toda la información y son advertidos contra ello día tras día, ofrece un testimonio elocuente del colapso de toda la estructura de la moral, de todo el corpus de mandatos y prohibiciones que tradicionalmente habían traducido y encarnado las ideas fundamentales de libertad y de justicia en términos de relaciones sociales e instituciones políticas.

Sin embargo, mucha gente duda que tal colapso sea una realidad. Se inclinan a pensar que ha ocurrido un accidente tras el cual el deber de cada uno radica en restaurar el antiguo orden, en apelar al antiguo saber acerca del bien y del mal, en movilizar los antiguos instintos del orden y la seguridad. Quienquiera que piense o hable de otro modo es etiquetado como un «profeta de la fatalidad» cuyo carácter lúgubre amenaza con ocultar eternamente el sol que brilla sobre el bien y el mal.

La cuestión es que los «profetas de la fatalidad» histórica, los pesimistas de finales del XIX y principios del XX, desde Burckhardt hasta Spengler, quedaron fuera de circulación debido a la realidad de unas catástrofes cuya magnitud y cuyo horror nadie ha previsto jamás. Ahora bien, parece que ciertos desarrollos sí podían preverse y fueron previstos. Dichas predicciones, más frecuentes en el siglo XVIII que en el XIX, fueron obviadas porque nada parecía justificarlas. Así, conviene mencionar que, en 1793, Kant, refiriéndose al «equilibrio de poder» como solución para los conflictos que surgían del sistema europeo de las naciones Estado, dijo lo siguiente:

El llamado equilibrio de poderes en Europa es un espectro, como esa casa de Swift, construida en tan perfecta armonía con todas las leyes del equilibrio que se vino abajo en el mismo momento en que un pájaro se posó en ella.[1]

El equilibrio alcanzado por el sistema de naciones Estado no era un mero espectro, pero sí colapsó exactamente como Kant había predicho. En palabras de un historiador contemporáneo: «La prueba de fuego del equilibrio de poder consiste en aquello mismo que este pretende evitar: la guerra».[2]

Más radical en su perspectiva y, sin embargo, más cercano a la realidad es otro autor del siglo XVIII, quien no suele ser incluido entre los «profetas de la fatalidad» y es tan sereno, tan sobrio como Kant, e incluso muestra mayor despreocupación —la Revolución francesa aún no había tenido lugar—. Difícilmente encontraremos un acontecimiento de importancia en nuestra historia reciente que no encaje en los recelos de Montesquieu.

Montesquieu fue el último en indagar en la naturaleza del gobierno, es decir, en preguntarse qué hace que el gobierno sea lo que es («*sa nature est ce qui le fait être*

1. I. Kant, «Sobre el tópico "puede ser correcto en teoría, pero no sirve en la práctica"». *(N. del E.)*
2. H. Holborn, *The Political Collapse of Europe*, 1951.

tel»).[3] Pero añadió a esta una segunda cuestión completamente original: ¿Qué hace que un gobierno actúe como actúa? Descubrió así que todo gobierno tiene no solo una «estructura particular», sino también un «principio» particular que lo pone en movimiento. La ciencia política actual ha descartado ambas preguntas porque, en cierto modo, son precientíficas; se refieren a una comprensión previa que solo se expresa poniendo nombres: esto es una república, esto es una monarquía, esto es una tiranía. Con todo, tales preguntas inician el diálogo de la verdadera comprensión al inquirir qué es lo que hace que un Estado sea reconocible como una república, una monarquía o una tiranía. Tras ofrecer la respuesta tradicional a la pregunta tradicional —afirmando que una república es un gobierno constitucional donde el poder soberano está en manos del pueblo, que una monarquía es un gobierno legal donde el poder soberano está en manos de un hombre y que una tiranía es un gobierno legal donde el poder es ejercido por un hombre según su voluntad arbitraria—, Montesquieu añade que en una república el principio de acción es la virtud, la cual, psicológicamente, es equiparable al amor a la igualdad; que en una monarquía el principio de acción es el honor, cuya expresión psicológica es la pasión

3. Montesquieu, *El espíritu de las leyes,* lib. III, cap. 1.

por distinguirse, y que en una tiranía el principio de acción es el miedo.

Es llamativo y extraño que Montesquieu, quien es famoso sobre todo por el descubrimiento y la articulación de la división de poderes entre el ejecutivo, el legislativo y el judicial, defina los gobiernos como si el poder fuese de forma necesaria soberano e indivisible. Curiosamente, fue Kant quien redefinió la estructura de los gobiernos según los principios del propio Montesquieu.

En *La paz perpetua,* Kant diferencia entre «formas de dominación» *(Formen der Beherrschung)* y formas de gobierno. Las formas de dominación se distinguen únicamente según la sede del poder: todos los Estados en los que el príncipe tiene poder soberano indiviso son llamados autocracias; si el poder está en manos de la nobleza, la forma de dominación es la aristocracia; y si el pueblo ejerce el poder absoluto, la dominación se produce en forma de democracia. Kant señala que todas estas formas de dominación (como la propia palabra indica) son, estrictamente hablando, ilegales. El gobierno constitucional o legal se establece dividiendo el poder de tal modo que no sea un mismo cuerpo (u hombre) el que hace las leyes, las aplica y se juzga luego a sí mismo. De acuerdo con este nuevo principio, que procede de Montesquieu y que encontró su expresión inequívoca en la Constitución de los Estados Unidos, Kant señaló dos estructuras básicas de gobierno: el gobierno republicano, basado en la división de poderes incluso aunque un príncipe se halle a la cabeza del Estado, y el gobierno despótico, donde los poderes de legislar, aplicar las leyes y juzgar no están separados. En el concreto sentido político, el poder se necesita y se incorpora en la posesión de los medios de violencia para la ejecución de las leyes. En consecuencia, allí donde el poder ejecutivo no está separado de los poderes legislativo y judicial ni controlado por estos, la fuente de la ley ya no puede ser la razón y la deliberación, sino el poder mismo. Esta forma de gobierno, en la que resuena el *dictum* «el poder siempre tiene razón», es despótica —lo cual vale con independencia de todas las demás circunstancias: una democracia gobernada por decisiones mayoritarias pero no controlada por la ley es tan despótica como una autocracia.

Cierto es que ni siquiera la distinción de Kant resulta ya del todo satisfactoria. Su principal debilidad consiste en que, bajo la relación entre la ley y el poder, yace la asunción de que la fuente de la ley es la razón humana (todavía en el sentido de *lumen naturale)* y la fuente del poder es la voluntad. Ambas asunciones son cuestionables tanto sobre bases históricas como filosóficas. No podemos abordar aquí estas dificultades, ni necesitamos hacerlo. Para nuestro propósito, que consiste en aislar la naturaleza de una forma de gobierno nueva e inaudita, tal vez sea prudente apelar primero a los criterios tradicionales —aun cuando ya no sean aceptados sobre la base de la tradición—. En la búsqueda de la naturaleza del gobierno totalitario, de su «estructura» en los términos de Montesquieu, usaremos también la distinción kantiana entre formas de dominación y formas de gobierno, así como entre gobierno constitucional —o, en palabras de Kant, «republicano»— y despótico.

El descubrimiento de Montesquieu —todo gobierno tiene un principio particular que lo pone en movimiento y orienta todas sus acciones— es de gran relevancia. Este principio motivador no solo guarda estrecha relación con la experiencia histórica (obviamente, el honor es el principio de la monarquía medieval basada en la nobleza, del mismo modo que la virtud era el principio de la República romana), sino que además, en cuanto principio motriz, introdujo la historia y el proceso histórico en estructuras de gobierno que —de acuerdo con su descubrimiento y su definición originales por parte de los griegos— eran concebidas como inmóviles e inamovibles. Antes del descubrimiento de Montesquieu, el único principio transformador conectado con las formas de gobierno consistía en el cambio a peor, la perversión que transformaba una aristocracia (el gobierno de los mejores) en una oligarquía (el gobierno de una camarilla en su propio beneficio), o bien derrocaba una democracia que había degenerado en oclocracia (gobierno de la muchedumbre) y daba lugar a una tiranía.

Los principios motrices y rectores concebidos por Montesquieu —la virtud, el honor, el miedo— son principios en la medida en que rigen tanto las acciones del gobierno como las acciones de los gobernados. En la tiranía, el miedo no es solo el de los súbditos al tirano, sino también el del tirano a sus súbditos. Miedo, honor y virtud no son meros móviles psicológicos, sino los criterios según los cuales se conduce y se juzga toda la vida pública. Si la dignidad del ciudadano de una república consiste en no dominar a los conciudadanos en los asuntos públicos, el honor del súbdito de una monarquía consiste en distinguirse de los demás y en ser por ello ensalzado públicamente. Al establecer estos principios, Montesquieu no está sugiriendo que todas las personas se comportan en todo momento según los principios del gobierno bajo el que les ha tocado vivir, o que la gente de una república no sabe lo que es el honor, o que en una monarquía no se sabe lo que es la virtud. Tampoco habla el autor de «tipos ideales». Analiza la vida pública de los ciudadanos, no la vida privada de las personas, y descubre que en esta vida pública —esto es, en la esfera en que todos los hombres actúan juntos en relación con cosas que son de igual interés para todos— la acción es determinada por ciertos principios. Si estos ya no son atendidos, y si los criterios específicos de comportamiento dejan de ser considerados válidos, entonces las propias instituciones políticas corren peligro.

Bajo la distinción de Montesquieu entre la naturaleza del gobierno (aquello que le hace ser lo que es) y su principio motriz o rector (aquello que lo pone en movimiento mediante acciones) yace otra diferencia, y se trata de un problema que ha atormentado al pensamiento político desde sus orígenes y que Montesquieu indica, pero no resuelve, con su distinción entre el hombre como ciudadano (como miembro de un ordenamiento público) y el hombre en cuanto individuo. Por ejemplo, en caso de conquista, «el ciudadano puede perecer; y el hombre, sobrevivir» («*le citoyen peut périr, et l'homme rester*»).[4] En el pensamiento político contemporáneo, este problema suele afrontarse como el de la distinción entre vida pública y privada, o entre la esfera política y la social; y su aspecto más conflictivo suele ser el del supuesto doble rasero moral implícito en ello.

4. *Ibid.*, lib. X, cap. 3.

En el pensamiento político moderno —en la medida en que sus dilemas centrales son dictados por el descubrimiento, por parte de Maquiavelo, del poder como centro de toda la vida política y de las relaciones de poder como leyes supremas de la acción política—, el problema del individuo y del ciudadano se ha visto complicado y oscurecido por el dilema entre la legalidad como centro del gobierno constitucional y la soberanía arbitraria como estado natural en el terreno de las relaciones internacionales. Así pues, parece que a la hora de juzgar como correctas o incorrectas las acciones nos enfrentamos a dos duplicidades —el doble patrón originado en el estatus simultáneo del hombre como ciudadano y como individuo y el doble patrón originado en la diferenciación entre política exterior e interior—. Ambos problemas son relevantes para nuestro esfuerzo por comprender la naturaleza del totalitarismo, puesto que los gobiernos totalitarios afirman haber resuelto los dos. La distinción y el dilema entre política exterior e interior se resuelven mediante la pretensión de dominio global. Y esta reivindicación es substanciada después, cuando cada país conquistado es tratado, sin la más mínima consideración de su propia legalidad, como un previo transgresor de la ley totalitaria, y cuando sus habitantes son castigados según leyes que se aplican retroactivamente. En otros términos, la pretensión de dominio global es idéntica a la pretensión de establecer en la tierra una ley nueva y universalmente válida. En consecuencia, para la mente totalitaria toda política exterior es política interior disfrazada, y todas las guerras en el extranjero son de hecho guerras civiles. Mientras tanto, la distinción y el dilema entre ciudadano e individuo —así como las concomitantes perplejidades de la dicotomía entre vida pública y personal— son eliminados mediante la pretensión totalitaria de una total dominación del hombre.

Para Montesquieu, solo el dilema entre ciudadano e individuo es un problema político real. El conflicto entre política interior y exterior, como conflicto entre la ley y el poder, solo existe mientras se sostenga que el poder es indivisible y soberano. Tanto Montesquieu como Kant sostuvieron que únicamente la división de poderes puede garantizar el gobierno de la ley, y que tarde o temprano una federación mundial resolvería los conflictos de soberanía. Un paso eminentemente práctico hacia la identificación de la política exterior y la interior fue dado en el Artículo 7 de la Constitución de los Estados Unidos, el cual, en perfecta sintonía espiritual con Montesquieu, establece que, junto con la Constitución y con las leyes promulgadas constitucionalmente, «todos los tratados firmados... por la autoridad de los Estados Unidos serán ley suprema del país».

La distinción entre ciudadano e individuo se convierte en un problema tan pronto como tomamos conciencia de la discordancia entre la vida pública, en la que soy un ciudadano como todos los demás, y la vida personal, en la que soy un individuo distinto del resto. La igualdad ante la ley no solo es el rasgo distintivo de las repúblicas modernas, sino que además, en un sentido más profundo, prevalece en los gobiernos constitucionales, donde todas las personas que viven bajo una constitución deben recibir de ella por igual lo que es legítimamente suyo. En todas las formas constitucionales de gobierno la ley determina y provee el *suum cuique*.[5]

La regla del *suum cuique*, no obstante, nunca se extiende a todas las esferas de la vida. No existe un *suum cuique* que pueda ser determinado y entregado a los individuos en sus vidas personales. El hecho mismo de que en todas las sociedades libres se permite todo aquello que no está explícitamente prohibido revela esta situación con claridad. La ley define los límites de la vida personal, pero no puede inmiscuirse en lo que ocurre dentro de ellos. En este sentido, dicha ley cumple dos funciones: regula la esfera público-política en la que los

5. *Suum cuique* significa literalmente «a cada uno, lo suyo [o lo que se merece]». La expresión, usada con frecuencia en el campo de la filosofía, acabaría inscrita en la entrada principal del campo de concentración de Buchenwald. *(N. del T.)*

hombres actúan concertadamente como iguales y en la que comparten destino; al mismo tiempo, circunscribe el espacio en el que se despliegan nuestros destinos individuales —que son tan dispares que nunca habrá dos biografías iguales—. En su sublime generalidad, la ley nunca puede prever y proveer el *suum* que cada uno recibe en su singularidad irrevocable. Las leyes, una vez establecidas, se aplican siempre según los precedentes; el problema con los actos y los sucesos de la vida personal es que esta es destruida en su misma esencia tan pronto como se la juzga con criterios comparativos o a la luz de los precedentes. Podríamos definir el filisteísmo, y explicar su efecto adormecedor sobre la creatividad de la vida humana, como la tentativa —mediante una transformación moralizante de las costumbres en «leyes» generales de comportamiento igualmente válidas para todos— de juzgar según los precedentes aquello que por definición desafía todo precedente.

Resulta obvio que el problema de esta discrepancia entre vida pública y vida personal, entre el hombre como ciudadano y el hombre como individuo, no es solo que las leyes nunca puedan usarse para guiar y juzgar las acciones de la vida personal, sino también que los criterios mismos de lo que está bien y lo que está mal no son idénticos en ambas esferas e incluso entran a menudo en conflicto. El hecho de que tales conflictos

—que abarcan desde el asunto central de *Antígona* hasta el conflicto experimentado por el hombre que se salta las normas de tráfico porque su mujer se está muriendo— sean tenidos siempre por irresolubles, junto con el hecho de que tales «infractores» casi siempre sean descritos por los grandes trágicos como si actuasen de acuerdo con una «ley superior», revela que el hombre occidental tiene una profunda experiencia de la calamidad de la ciudadanía —calamidad que se da incluso en el mejor cuerpo político—. Por extraño que parezca, en esta particular experiencia hasta los filósofos han abandonado al hombre occidental y han hecho todo lo posible por evitar la cuestión elevando la ley civil a un nivel de inequívoca universalidad que en realidad jamás posee. El famoso imperativo categórico de Kant —«Actúa de tal forma que la máxima de tu acción pueda convertirse en ley universal»— va sin duda a la raíz del asunto, pues se trata de la quintaesencia de lo que la ley nos exige. Sin embargo, esta rígida moral descuida la simpatía y la inclinación; además, se convierte en una fuente real de maldad siempre que ninguna ley universal, ni siquiera la imaginada ley de la razón pura, puede determinar qué es lo correcto en un caso particular.

Ni siquiera en la esfera personal, donde ninguna ley universal puede determinar inequívocamente lo que está bien y lo que está mal, son las acciones del hombre completamente arbitrarias. Aquí, dicho hombre no es guiado por leyes bajo las que puedan subsumirse los diversos casos, sino por principios —como la lealtad, el honor, la virtud, la fe— que, por así decirlo, trazan un mapa de ciertas direcciones. Montesquieu nunca se preguntó si estos principios no podían tener, en sí mismos, cierto poder cognitivo para juzgar o incluso crear lo que está bien y lo que está mal. Pero lo que descubrió cuando a la estructura tradicional del gobierno le añadió un principio motriz que era lo único que hacía que los hombres (gobernantes y gobernados) actuasen fue que la ley y las relaciones de poder, en cualquier forma de gobierno, tan solo pueden definir los límites dentro de los cuales discurre una esfera de vida completamente distinta, no pública. Y es en esta esfera no pública donde se hallan las fuentes de la acción y del movimiento, entendidas como distintas de las fuerzas estabilizadoras y estructurales de la ley y del poder. Dicho de otro modo, los orígenes del movimiento y de la acción se hallan ocultos bajo la ley y el poder, y en ocasiones son oprimidos por ellos.

Montesquieu, al igual que otros antes que él, vio que estos principios de acción y sus patrones de lo que está bien y lo que está mal variaban enormemente en distintos países y en distintas épocas. Y, lo que es más importante, descubrió que cada estructura de gobierno, la cual se hacía manifiesta en la ley y el poder, tenía su propio principio correlativo, de acuerdo con el cual actuaban los hombres que vivían dentro de esa estructura. Este descubrimiento, dicho sea de paso, fue lo único que les proporcionó a Montesquieu y a esos historiadores que vinieron después las herramientas necesarias para describir la unidad peculiar de cada cultura. Dado que había una correspondencia obvia, históricamente patente, entre el principio del honor y la estructura de la monarquía, entre la virtud y el republicanismo, entre el miedo (entendido no como una emoción psicológica sino como un principio de acción) y la tiranía, tenía que existir algún terreno subyacente del que brotaban tanto el hombre en cuanto individuo como el hombre en cuanto ciudadano. Dicho de otro modo, Montesquieu descubrió que, entre la esfera personal y la pública, había algo más que discrepancia y conflicto.

El fenómeno de la correspondencia, pese a las discrepancias y contingencias, entre las distintas esferas de la vida y el milagro de la unidad de las culturas y los periodos indica que en el fondo de cada entidad histórica o cultural existe un terreno común que es a la vez fundamento y fuente, base y origen. Montesquieu define el terreno común en el que están arraigadas las leyes de una monarquía, y del que brotan las acciones de sus súbditos, como distinción; e identifica el honor, el supremo principio rector en una monarquía, con el correspondiente amor a tal distinción. La experiencia fundamental en la que se basan las monarquías y, podríamos añadir nosotros, todas las formas jerárquicas de gobierno es la experiencia, inherente a la condición humana, de que los hombres se distinguen unos de otros por su cuna. Sin embargo, todos sabemos que, en oposición directa a ello y con una validez no menos insistente, surge la experiencia contraria, la de la igualdad inherente a todos los hombres, «nacidos iguales» y distinguidos solo por su posición social. Esta igualdad —en la medida en que no es una igualdad ante Dios, un Ser infinitamente superior ante el que todas las distinciones y diferencias se vuelven nimias— ha significado siempre no solo que todos los hombres, sin importar sus diferencias, son igualmente valiosos, sino también que la naturaleza ha otorgado a cada uno una cantidad igual de poder. La experiencia fundamental en la que se basan las leyes republicanas y de la que brota la acción de sus ciudadanos es la experiencia de convivir y pertenecer a un grupo de hombres que tienen igual poder. Las leyes que regulan las vidas de los ciudadanos republicanos no están al servicio de la distinción, sino que más bien restringen el poder de cada uno con el objetivo de hacer sitio al poder de su congénere. Por lo tanto, el terreno común de la ley y la acción republicanas consiste en la idea de que el poder humano no está limitado principalmente por algún poder superior, ya sea Dios o la Naturaleza, sino por los poderes de quienes son iguales a uno. Y el gozo que brota de esta idea, ese «amor a la igualdad» en el que consiste la virtud, procede de la experiencia de que únicamente porque esto es así, únicamente porque hay igualdad de poder, el hombre no está solo. Y es que estar solo significa no tener iguales: «Cada uno es cada uno, y todos solos, y así será cada vez en mayor medida», como reza la antigua canción de cuna inglesa que osa insinuar lo que para la mente humana solo puede ser la tragedia suprema de Dios.

Montesquieu no logró indicar cuál era el terreno común de la estructura y la acción en las tiranías; tal vez se nos permita, por lo tanto, llenar este vacío a la luz de sus propios descubrimientos. El miedo, el principio inspirador de la acción en la tiranía, está conectado fundamentalmente con esa angustia que experimentamos en situaciones de completa soledad. Tal angustia revela el otro lado de la igualdad y se corresponde con el gozo de compartir el mundo con nuestros iguales. La dependencia y la interdependencia que necesitamos para hacer realidad nuestro poder (la cantidad de fuerza que nos es estrictamente propia) se convierte en una fuente de desesperación siempre que, en completa soledad, nos damos cuenta de que un hombre solo no tiene ningún poder en absoluto, de que siempre se ve superado y derrotado por un poder superior. Si un hombre solo tuviese fuerza suficiente para igualar su poder al de la naturaleza y las circunstancias, no necesitaría compañía. La virtud se alegra de pagar el precio de un poder limitado por la bendición de estar con otros hombres; el miedo es la desesperación por la impotencia individual que experimentan quienes, por la razón que sea, han renunciado a «actuar concertadamente». No hay virtud, amor a la igualdad, que no tenga que superar esta angustia del desamparo, pues no hay vida humana que no sea vulnerable al completo desamparo, a la imposibilidad de recurrir a la acción, aunque solo sea frente a la muerte. El miedo como principio de acción es en cierto sentido una contradicción en los términos, pues representa precisamente la desesperación ante la imposibilidad de actuar. A diferencia de los principios de la virtud y el honor, no tiene el poder de la autotrascendencia y es por ello verdaderamente antipolítico. Como principio de acción solo puede ser destructivo o, en palabras de Montesquieu, «autocorruptor». Por lo tanto, la tiranía es la única forma de gobierno que porta en sí los gérmenes de su propia destrucción. Las circunstancias externas causan el declive de otras formas de gobierno; las tiranías, por el contrario, deben su existencia y su supervivencia a las circunstancias externas que impiden su auto-corrupción.[6]

Así pues, el terreno común en el que puede erigirse la ausencia de legalidad y del cual brota el miedo consiste en la impotencia experimentada por todos los hombres que están radicalmente aislados. Un hombre que se enfrenta a todos los demás no experimenta la igualdad de poder entre los hombres, sino solo el abrumador y combinado poder de todos los demás contra el suyo propio. La gran ventaja de la monarquía, o de todo gobierno jerárquico, reside en que los individuos cuya «distinción» define su posición en la sociedad y en la política nunca se enfrentan a un indistinguible «todos los demás», contra el cual solo puedan contar con su propia minoría absoluta de uno solo. El peligro específico de todas las formas de gobierno basadas en la igualdad reside en que, en el momento en que se descompone o se transforma la estructura de la legalidad —en cuyo marco la experiencia del poder equitativo recibe su sentido y su dirección—, los poderes entre los hombres iguales se cancelan mutuamente y tan solo queda la experiencia de la impotencia absoluta. De la convicción de la impotencia propia y del miedo al poder de todos los demás surge la voluntad de dominar, que es la voluntad

6. *Ibid.*, lib. VIII, cap. 10.

del tirano. Si la virtud consiste en el amor a la igualdad de poder, entonces el miedo consiste en la voluntad o, en su forma degenerada, el ansia de poder. Dicho en términos concretos y políticos, no existe más voluntad de poder que la voluntad de dominar, pues el poder mismo, en su sentido verdadero, nunca puede ser poseído por un hombre solo; el poder nace, por así decirlo, de forma misteriosa, cada vez que los hombres actúan «concertadamente», y desaparece de forma no menos misteriosa cada vez que un hombre está en completa soledad. La tiranía, basada en la impotencia esencial de todos los hombres que se hallan solos, consiste en la arrogante tentativa de ser idéntico a Dios, en la *hibris* de investirse de poder de forma individual, en completa soledad.

Estas tres formas de gobierno —monarquía, republicanismo y tiranía— son auténticas porque los terrenos sobre los que se levantan sus estructuras (la distinción de cada uno, la igualdad de todos, la impotencia) y de los que brotan sus principios de movimiento son genuinos elementos de la condición humana y se reflejan en las experiencias humanas primarias. La cuestión mediante la que enfocaremos ahora el totalitarismo consiste en si esta forma de gobierno sin precedentes puede reclamar un terreno igualmente genuino (si bien oculto hasta hoy) de la condición humana sobre la tierra, un terreno que podría revelarse solo bajo las circunstancias

de una unión global de toda la humanidad —circunstancias que, como el propio totalitarismo, carecen sin
duda de precedentes.

II

Antes de entrar en materia, convendría admitir que somos conscientes al menos de una dificultad básica de
este enfoque. Para la mente contemporánea, lo más desconcertante de las definiciones de Montesquieu es quizá
el hecho de que el autor acepte al pie de la letra la visión
que los gobiernos tienen de sí mismos. Que Montesquieu no busque motivos ulteriores tras la confirmación
de la virtud en la república, el honor en la monarquía o
el miedo en la tiranía parece aún más sorprendente si tenemos en cuenta que se trata de un autor reconocido
como el primero que observó la gran influencia de los
factores «objetivos», tales como las circunstancias cli-
máticas, sociales o de otro tipo, en la formación de las
instituciones propiamente políticas.

Con todo, en este, como en otros asuntos, la verdadera comprensión apenas tiene otra alternativa. Las
fuentes hablan, y lo que revelan es cómo se ven a sí mismas las personas que actúan y que creen saber lo que están haciendo. Si les negamos esta capacidad y pretende-

mos saberlo mejor que ellas y decirles cuáles son sus «motivos» reales o las verdaderas «tendencias» que representan objetivamente —sin que importe lo que esas personas piensen—, entonces las privamos de su misma capacidad de expresarse, en la medida en que su discurso tiene sentido. Por ejemplo, si Hitler se refería una y otra vez a los judíos como el centro negativo de la historia del mundo y, para apoyar su opinión, diseñó fábricas en las que liquidar a todas las personas de origen judío, es absurdo afirmar que el antisemitismo no tuvo gran relevancia en la construcción del régimen totalitario o que Hitler meramente era víctima un desafortunado prejuicio. La tarea del científico social consiste en descubrir el trasfondo histórico y político del antisemitismo, no en concluir que los judíos simplemente eran los sustitutos de la *petite bourgeoisie* o que el antisemitismo es una subrogación de un complejo de Edipo o de cualquier otra cosa por el estilo. Los casos en que la gente miente conscientemente, y, por seguir con nuestro ejemplo, simula odiar a los judíos cuando en realidad lo que desea es asesinar a los burgueses, son muy raros y fácilmente detectables. En todos los demás casos, la autocomprensión y la autointerpretación del poder son la base misma de todo análisis y toda comprensión.

Por lo tanto, en el intento de comprender la naturaleza del totalitarismo, debemos hacernos de buena fe las preguntas tradicionales sobre la naturaleza de esta forma de gobierno y su principio motriz. Desde el auge del enfoque científico en las humanidades, es decir, desde que se ha producido el desarrollo del historicismo, de la sociología y de la economía modernas, se considera que tales cuestiones difícilmente permitirán profundizar en la comprensión; de hecho, Kant fue el último cuyo pensamiento siguió estas líneas de la filosofía política tradicional. Ahora bien, mientras que nuestros estándares de precisión científica no han dejado de crecer y son hoy más altos que nunca, nuestros patrones y nuestros criterios de la verdadera comprensión parecen haber declinado de forma no menos constante. Con la introducción en las ciencias sociales de categorías valorativas completamente extrañas y a menudo absurdas, los patrones y los criterios de comprensión han llegado a un mínimo histórico. La precisión científica no tolera ninguna comprensión que vaya más allá de los estrechos límites de la pura facticidad, y ha pagado un alto precio por esta arrogancia, ya que las locas supersticiones del siglo xx, disfrazadas de cientificismo, han complementado sus deficiencias. Hoy la necesidad de comprender ha crecido hasta hacerse desesperada y causa estragos en los patrones no solo de la comprensión sino también de la pura precisión científica y de la honestidad intelectual.

El gobierno totalitario carece de precedentes porque desafía toda comparación. Ha hecho saltar por los aires la propia disyuntiva en la que se basaban las definiciones de la naturaleza del gobierno desde el inicio del pensamiento político occidental —la disyuntiva entre el gobierno legal, constitucional o republicano, por un lado, y el gobierno ilegal, arbitrario o tiránico, por otro—. El régimen totalitario es «ilegal» en la medida en que desafía la ley positiva, pero no es arbitrario, pues, en cierta medida, obedece con estricta lógica y ejecuta con precisa coactividad las leyes de la Historia o de la Naturaleza. El régimen totalitario afirma de manera monstruosa, pero aparentemente incontestable, que, lejos de ser «ilegal», va directamente a las fuentes de autoridad, unas fuentes de las cuales todas las leyes positivas —basadas en el «derecho natural», en la costumbre y la tradición o en el acontecimiento histórico de la revelación divina— reciben su legitimación última. Lo que al mundo no totalitario le parece ilegal constituiría en realidad, dada su inspiración en las fuentes mismas, una forma superior de legitimidad, una capaz de suprimir la mezquina legalidad de las leyes positivas, que jamás pueden producir justicia en un caso singular, concreto y por ello impredecible, sino que tan solo pueden impedir la injusticia. La legalidad totalitaria, al ejecutar las leyes de la Naturaleza o de la Historia, no se molesta en traducirlas a los criterios del bien y del mal para los seres humanos individuales, sino que las aplica directamente a la «especie», a la humanidad. Dichas leyes de la Naturaleza y de la Historia, si son ejecutadas con propiedad, deberían dar lugar a una única «humanidad», y es esta expectativa la que subyace a la pretensión de dominio universal característica de todos los gobiernos totalitarios. La humanidad, o mejor dicho la especie humana, es considerada como la portadora activa de estas leyes, mientras que el resto del universo es pasivamente determinado por ellas.

Llegados a este punto, aflora a la superficie una diferencia fundamental entre la concepción totalitaria y las demás concepciones de la ley. Es cierto que, tradicionalmente, la Naturaleza o la Historia, como fuentes de la autoridad de las leyes positivas, podían manifestarse ante el hombre, ya fuese como *lumen naturale* en el derecho natural o como la voz de la conciencia en una ley religiosa revelada en la historia. Pero esto difícilmente hacía de los seres humanos encarnaciones vivientes de tales leyes. Al contrario, las leyes —en cuanto autoridad que requería obediencia— eran distintas a las acciones de los hombres. Comparadas con las fuentes de la autoridad, las leyes positivas de los hombres eran consideradas como cambiantes y cambiables según las circunstancias. No obstante, estas leyes eran más permanentes que las acciones continua y rápidamente cambiantes de los hombres, y debían su permanencia relativa a aquello que, en términos mortales, podría denominarse la presencia atemporal de las fuentes de su autoridad.

En cambio, en la interpretación totalitaria todas las leyes se convierten en leyes del movimiento. La Naturaleza o la Historia ya no representan unas estabilizadoras fuentes de la autoridad para las leyes que gobiernan las acciones de los hombres mortales, sino que son ellas mismas movimientos. Por lo tanto, sus leyes, si bien solo son percibidas o comprendidas mediante la inteligencia, nada tienen que ver con la razón ni con la permanencia. En la base de la creencia nazi en las leyes raciales se halla la idea darwiniana del hombre como producto más o menos accidental del desarrollo natural —un desarrollo que no se detiene necesariamente en la especie de los seres humanos tal como la conocemos—. En la base de la creencia bolchevique en las clases sociales se halla la noción marxiana del hombre como producto de un gigantesco proceso histórico que está acelerando hacia el fin del tiempo histórico —es decir, un proceso que tiende a abolirse a sí mismo—. El propio término «ley» ha cambiado de significado; ha dejado de hacer referencia al marco de estabilidad en el que se suponía que las acciones humanas debían tener lugar y eran permitidas, y se ha convertido en la pura expresión de estos movimientos en sí mismos.

Las ideologías del racismo y del materialismo dialéctico transformaron la Naturaleza y la Historia, las cuales dejaron de ser el terreno firme que sustenta la vida y la acción humanas, y se convirtieron en fuerzas supragigantescas cuyos movimientos atraviesan aceleradamente la humanidad, arrastrando consigo a todos los individuos tanto si quieren como si no —tanto si se suben a su carro triunfante como si caen aplastados bajo sus ruedas—. Dichas ideologías pueden ser variadas y complejas, pero es sorprendente comprobar que, a efectos políticos prácticos, siempre resultan en la misma «ley» de eliminación de individuos en aras del proceso o progreso de la especie. Mediante la eliminación de los individuos dañinos o superfluos, el movimiento natural o histórico se alza de sus propias cenizas como el fénix, pero a diferencia de la fabulosa ave, esta humanidad que es la meta y al mismo tiempo la encarnación del movimiento de la Historia o de la Naturaleza exige sacrificios permanentes, la permanente eliminación de las clases o las razas hostiles, parasitarias o insanas para entrar así en la sangrienta eternidad.

Del mismo modo que, en el gobierno constitucional, se necesitan leyes positivas que traduzcan y hagan realidad el inmutable *ius naturale*, los eternos mandamientos de Dios o las sempiternas costumbres y tradiciones de la historia, también es necesario el terror para hacer realidad, para traducir a la realidad viva, las leyes del movimiento de la Historia o de la Naturaleza. Y del mismo modo que, en una sociedad dada, las leyes positivas que determinan las transgresiones de la ley son independientes de tales transgresiones —de modo que la ausencia de estas no hace superfluas las leyes sino que, por el contrario, significa el más perfecto gobierno de dichas leyes—, así también el terror en el gobierno totalitario, al dejar de ser un medio para la supresión de la oposición política, se vuelve independiente de esta y rige con supremacía cuando ya ninguna oposición se interpone en su camino.

Por lo tanto, si la ley es la esencia del gobierno constitucional o republicano, el terror es la esencia del gobierno totalitario. Las leyes se establecieron como límites (por seguir una de las imágenes más antiguas, a saber, la invocación platónica de Zeus como el Dios de los límites)[7] y como algo que debía permanecer estático, permitiendo que los hombres se moviesen en su seno. En condiciones totalitarias, por el contrario, se disponen todos los medios para «estabilizar» a los hombres, para hacerlos estáticos, a fin de evitar todo acto imprevisto,

7. Platón, *Leyes*, 843a.

libre o espontáneo que pueda obstaculizar el libre curso del terror. La propia ley del movimiento, Naturaleza o Historia, señala a los enemigos de la humanidad, y no se permite la interferencia de ninguna acción de los hombres. Culpa e inocencia devienen categorías sin sentido; el «culpable» es aquel que se interpone en el camino del terror, es decir, aquel que voluntaria o involuntariamente obstaculiza el movimiento de la Naturaleza o la Historia. En consecuencia, los gobernantes no aplican leyes, sino que ejecutan ese movimiento de acuerdo con la ley que le es inherente; no afirman ser justos ni sabios, sino saber «científicamente».

El terror congela a los hombres para abrir paso al movimiento de la Naturaleza o la Historia. Elimina a los individuos en aras de la especie, sacrifica a los hombres por el bien de la humanidad —y no solo a los que terminan siendo víctimas del terror, sino de hecho a todos los hombres en la medida en que este movimiento, con su propio comienzo y su propio fin, solo puede ser obstaculizado por el nuevo comienzo y por el final individual en que consiste la vida de cada hombre—. Con cada nuevo nacimiento, viene al mundo un nuevo comienzo, surge potencialmente un nuevo mundo. La estabilidad de las leyes, al erigir los límites y los canales de comunicación de los hombres que viven juntos y actúan concertadamente, protege este nuevo comienzo y, al mismo tiempo, asegura su libertad; las leyes aseguran la potencialidad de algo completamente nuevo *y* la preexistencia de un mundo común, la realidad de cierta continuidad trascendente que absorbe todos los orígenes y se nutre de ellos. El terror empieza por arrasar los límites de las leyes hechas por el hombre, pero no en aras de una arbitraria voluntad tiránica, ni del poder despótico de un hombre contra todos ni, menos aún, de una guerra de todos contra todos. El terror sustituye los límites y los canales de comunicación entre los hombres individuales por una cinta de hierro que aprieta a los unos contra otros tan estrechamente que es como si los fundiese en un solo hombre. El terror, fiel siervo de la Naturaleza o la Historia y omnipresente ejecutor de su movimiento prefijado, fabrica la unidad de todos los hombres al abolir los límites de la ley que proporcionan el espacio vital para la libertad de cada individuo. El terror totalitario no restringe todas las libertades ni abole ciertas libertades esenciales; y, al menos hasta donde llega nuestro limitado conocimiento, tampoco consigue erradicar de los corazones de los hombres el amor a la libertad; sencilla e implacablemente, presiona unos contra otros a todos los hombres tal como son, de modo que el espacio mismo de la acción libre —y aquí reside la realidad de la libertad— desaparece.

El terror no existe ni en aras ni en contra de los hombres, sino para ofrecer al movimiento de la Naturaleza o la Historia un incomparable instrumento de aceleración. Si el innegable automatismo de los sucesos históricos o naturales es interpretado como esa corriente de la necesidad cuyo significado es idéntico a la ley del movimiento y por lo tanto independiente de cualquier suceso —el cual, por el contrario, solo puede considerarse como una irrupción superficial y transitoria de la ley profunda y permanente—, entonces la libertad igualmente innegable de todo hombre —que es idéntica al hecho de que cada hombre *es* un nuevo comienzo y en este sentido comienza el mundo de nuevo— solo puede considerarse como una irrelevante y arbitraria interferencia en las fuerzas superiores. Cierto es que esta ridícula impotencia no podría desviar definitivamente de su meta a tales fuerzas, pero podría obstaculizarlas e impedir su plena realización. La humanidad, al ser organizada de tal manera que marcha con el movimiento de la Naturaleza o la Historia, como si todos los hombres fuesen un solo hombre, acelera el movimiento automático de la Naturaleza o la Historia hasta llegar a una velocidad que dicho movimiento nunca podría alcanzar por sí solo. En términos prácticos, esto significa que en todos los casos el terror ejecuta en el acto las sentencias de muerte que la Naturaleza ha dejado caer ya sobre razas o individuos no aptos, o que la Historia ha declarado ya para clases e instituciones moribundas, sin tener que esperar a la eliminación más lenta y menos eficiente que de todos modos iba presumiblemente a producirse.

En un gobierno totalitario perfecto, donde todos los individuos se han convertido en meros ejemplares de la especie, donde toda acción se ha transformado en aceleración, y todo acto, en la ejecución de una sentencia a muerte —es decir, en condiciones en las que el terror como esencia del gobierno está perfectamente protegido de la perturbadora pero irrelevante interferencia de los deseos y las necesidades humanas—, ya no es necesario ningún principio de acción en el sentido que le daba Montesquieu. Este necesitaba principios de acción porque para él la esencia del gobierno constitucional, de la legalidad y de la distribución del poder era básicamente estable: dicha esencia únicamente podía fijar límites negativos a las acciones, pero no establecer sus principios de forma positiva. Dado que, en las sociedades libres, la grandeza, pero también la perplejidad, de todas las leyes radica en que estas se limitan a indicar lo que uno no debe hacer, y nunca lo que uno debe hacer, la acción política y el movimiento histórico siguen siendo en el gobierno constitucional libres e impredecibles; se ajustan a la esencia de dicho gobierno, pero jamás son inspiradas por ella.

En condiciones totalitarias, esta esencia misma se convierte en movimiento —el gobierno totalitario *es* tal cosa únicamente en la medida en que se mantiene en constante movilidad—. Mientras el régimen totalitario no haya conquistado todo el planeta y, con su férrea cinta de terror, haya fundido a todos los individuos en una humanidad, la doble función del terror, como esencia del gobierno y como principio no de acción sino de movimiento, no podrá realizarse plenamente. Añadir a esto un principio de acción, como el miedo, sería contradictorio. Y es que el propio miedo (según Montesquieu) es un principio de acción y, como tal, tiene consecuencias impredecibles. Siempre está ligado al aislamiento —el cual puede ser bien su resultado o bien su origen— y a las concomitantes experiencias de la impotencia y el desamparo. El espacio que la libertad necesita para realizarse se transforma en un desierto cuando la arbitrariedad de los tiranos destruye los límites de las leyes que preservan, y garantizan a cada uno, el ámbito de libertad. El miedo es el principio de los movimientos humanos en este desierto de soledad; como tal, sin embargo, todavía es un principio que guía las acciones de los hombres individuales, quienes por lo tanto conservan un mínimo y temeroso contacto con otros hombres. El desierto en el que se mueven estos hombres individuales, atomizados por el miedo, retiene una imagen, si bien distorsionada, del espacio que la libertad humana necesita.

La estrecha relación de los gobiernos totalitarios con el régimen despótico es sin duda muy evidente y se extiende a casi todas las áreas de gobierno. La abolición totalitaria de las clases y de aquellos grupos en los que podría surgir la verdadera distinción —opuesta a las distinciones creadas arbitrariamente por las órdenes y los cuadros— evoca la antigua fábula del tirano griego, quien, para iniciar a un «compañero» en el arte de la tiranía, lo condujo a un trigal fuera de la ciudad y cortó allí todos los tallos a la misma altura. Sin duda, el hecho de que una parodia de la igualdad prevalezca en todos los gobiernos despóticos ha llevado a muchas buenas personas a creer erróneamente que la tiranía o la dictadura surgen de la igualdad, del mismo modo que el neoconservadurismo de nuestro tiempo proviene de la radical abolición de todos los factores autoritarios, jerárquicos y tradicionales que están presentes en todas las formas de despotismo. Cuando leemos sobre las políticas de expoliación económica tan características de la eficiencia a corto plazo y la ineficiencia al largo de las economías totalitarias, no podemos sino recordar la vieja anécdota con la que Montesquieu caracterizaba al gobierno despótico: para recolectar la fruta madura, los salvajes de Luisiana simplemente talaban los frutales, porque era más rápido y más sencillo.[8] Además, el terror, la tortura y el sistema de espionaje que busca pensamientos secretos y peligrosos han sido siempre pilares de las tiranías; y no sorprende que algunos tiranos conociesen incluso el terrorífico uso que puede hacerse de la inclinación humana a olvidar y del horror humano a ser olvidado. Las prisiones de los gobernantes despóticos, tanto en Asia como en Europa, eran llamadas a menudo lugares de olvido, y la familia y los amigos del condenado a esta muerte en vida eran advertidos de que serían castigados si se les ocurría mencionar su nombre.

El siglo xx ha hecho que olvidemos muchos horrores del pasado, pero no cabe duda de que los dictadores totalitarios, en caso de necesitar instruirse, podrían asistir a una vieja escuela en la que se han enseñado y evaluado todos los medios de violencia y de engaño para la dominación del hombre por el hombre. Sin embargo, el empleo totalitario de la violencia y en especial del terror es distinto de todo ello, no porque trascienda enormemente los límites del pasado, no porque el organizado y mecanizado exterminio regular de grupos o poblaciones enteros difícilmente pueda ser llamado «asesinato» o incluso «asesinato en masa», sino porque su característica principal representa la antítesis de cual-

8. Montesquieu, *El espíritu de las leyes*, lib. I, cap. 13.

quier terror previo basado en la policía y el espionaje. Todas las similitudes entre las formas totalitaria y tradicional de la tiranía, por muy sorprendentes que parezcan, son similitudes técnicas, aplicables solo a las fases iniciales del régimen totalitario. Los regímenes solo se vuelven verdaderamente totalitarios una vez que han dejado atrás su fase revolucionaria y las técnicas necesarias para la toma y la consolidación del poder —aunque, por supuesto, se vuelve a recurrir a estas técnicas si es necesario.

El estudioso del totalitarismo encuentra una razón mucho más tentadora para equiparar esta forma de gobierno con la tiranía pura y simple —y la única similitud que tiene un impacto directo en el contenido específico de ambas formas— en el hecho de que tanto el régimen totalitario como el tiránico concentran todo el poder en manos de un solo hombre, quien lo usa de tal modo que provoca la impotencia absoluta y radical del resto de los hombres. Es más, si pensamos en el insano deseo del emperador romano Nerón, quien según la leyenda quería que toda la humanidad tuviese una sola cabeza, nos vienen a la mente nuestras presentes experiencias del llamado *Führerprinzip*,[9] que Stalin emplea en medida idén-

---

9. Principio de autoridad, de obediencia absoluta al caudillo, expuesto por Hitler en *Mein Kampf. (N. del T.)*

tica o incluso mayor que Hitler, y que opera sobre la asunción no solo de que una única voluntad sobrevive en una población dominada, sino también de que una sola mente basta para supervisar todas las actividades humanas en general. Con todo, es en este punto de máximo parecido entre el régimen totalitario y el tiránico donde la diferencia decisiva emerge con máxima claridad. En su demencia, Nerón deseaba verse confrontado con una sola cabeza, de modo que la tranquilidad de su mandato nunca más se viese amenazada por una nueva oposición: quería descabezar a la humanidad, por así decirlo, de una vez por todas, aunque sabía que era imposible. En cambio, el dictador totalitario se siente como la única cabeza de toda la raza humana; la oposición política solo le preocupa en la medida en que es necesario borrarla del mapa antes de que él pueda dar comienzo a su régimen de dominación total. Su propósito último no es la tranquilidad de su propio régimen, sino (en el caso de Hitler) la imitación o (en el caso de Stalin) la interpretación de las leyes de la Naturaleza o la Historia. Pero estas, como hemos visto, son leyes de movimiento, requieren de una constante movilidad, lo que por definición hace imposible el relajado disfrute de la dominación, los tradicionales placeres del régimen tiránico (que al mismo tiempo fijaban los límites más allá de los cuales el tirano no estaba interesado en ejercer su poder). El dictador totalitario, en agudo contraste con el tirano, se ve a sí mismo no como un agente libre con el poder de ejecutar su voluntad arbitraria, sino más bien como el ejecutor de leyes superiores a él. La definición hegeliana de la Libertad como percepción de la «necesidad», y como conformidad con dicha necesidad, ha encontrado aquí una nueva y terrible realización. El gobernante totalitario piensa que, para imitar o interpretar estas leyes, tan solo es necesario un hombre, mientras que todas las demás personas, todas las demás mentes y voluntades, son estrictamente superfluas. Esta convicción resultaría completamente absurda si asumiésemos que en un ataque de megalomanía los gobernantes totalitarios creen haber acumulado y monopolizado todas las posibles capacidades de la mente y la voluntad humanas, es decir, si creyésemos que ellos se ven a sí mismos como verdaderamente infalibles. En resumen, el gobernante totalitario no es un tirano, y solo puede ser entendido comprendiendo primero la naturaleza del totalitarismo.

En cualquier caso, si el régimen totalitario tiene poco en común con las tiranías del pasado, menos tiene con respecto a ciertas formas modernas de dictadura a partir de las cuales se desarrolló y con las que frecuentemente se lo ha confundido. Las dictaduras de partido único, ya se trate del tipo fascista o del comunista, no son totalitarias. Ni Lenin ni Mussolini fueron dictadores totalitarios; ni siquiera sabían lo que eso significaba realmente. La de Lenin fue una dictadura revolucionaria de partido único, en la que el poder descansaba principalmente en la burocracia del partido, y eso sería lo que Tito trata de repetir hoy. Mussolini fue básicamente un nacionalista y, a diferencia de los nazis, un verdadero adorador del Estado, con fuertes inclinaciones imperialistas; si el Ejército italiano hubiese sido mejor, Mussolini probablemente habría terminado siendo un dictador militar corriente, tal como Franco, quien surgió de la jerarquía militar, intenta serlo en España con la ayuda y las restricciones de la Iglesia católica. En los Estados totalitarios, ni el Ejército ni la Iglesia ni la burocracia han estado jamás en posición de ejercer o restringir el poder; en dichos Estados, todo poder ejecutivo se halla en manos de la policía secreta (o, como el caso de la Alemania nazi y la historia del partido bolchevique muestran, de las formaciones de élite que tarde o temprano son incorporadas a la policía). No hay grupo ni institución del país que permanezcan intactos, no ya porque tengan que «coordinarse» con el régimen y apoyarlo externamente, sino porque se supone que a largo plazo no deben sobrevivir. Los ajedrecistas soviéticos a los que un buen día se informó de que el ajedrez por el ajedrez era cosa del pasado representan un buen ejemplo. Con ese mismo espíritu, Himmler remarcaba a las SS que para un verdadero nazi nada podía hacerse por el mero placer de hacerlo.

A la hora de intentar que el totalitarismo parezca más inofensivo o bien menos relevante para los problemas políticos contemporáneos, no solo es posible recurrir a su equiparación con la tiranía o a su confusión con otras formas contemporáneas de dictadura, en particular con las de partido único, sino que existe además una tercera vía: explicar el régimen totalitario, ya sea el de Alemania o el de Rusia, recurriendo a causas históricas o de otro tipo que solo resultan relevantes en ese país. Desde luego, contra este tipo de argumentación se alza el éxito propagandístico, verdaderamente terrorífico, que ambos movimientos han tenido en el extranjero a pesar de la poderosa e informativa contrapropaganda de las fuentes más respetables y respetadas. La información sobre los campos de concentración soviéticos o las fábricas de la muerte en Auschwitz no ha servido para disuadir a los numerosos compañeros de viaje que ambos regímenes saben cómo atraer. No obstante, dejando al margen esta atracción, existe un argumento más serio en contra de tal explicación: el hecho curioso de que la Alemania nazi y la Rusia soviética partieron de circunstancias históricas, económicas, ideológicas y culturales que en muchos sentidos eran casi diametralmente opuestas, y de que, sin embargo, obtuvieron ciertos resultados que son estructuralmente idénticos. Esto se pasa por alto con facilidad, porque dichas estructuras idénticas solo se hacen manifiestas cuando el régimen totalitario está plenamente desarrollado, y este pleno desarrollo no se alcanzó en el mismo momento en Alemania y Rusia; además, también fue distinto el momento en el que se tomó el control de diversos campos de la actividad política y de otro tipo. A ello hay que añadirle otra circunstancia histórica: la Rusia soviética no tomó el camino del totalitarismo hasta aproximadamente 1930, y Alemania no lo hizo hasta después de 1938. Hasta entonces, ambos países, si bien contenían ya un gran número de elementos totalitarios, podían ser considerados dictaduras de partido único. Rusia solo se volvió plenamente totalitaria después de los Procesos de Moscú, es decir, poco antes de la guerra, y en el caso de Alemania hubo que esperar a los primeros años de tal guerra. En particular, la Alemania nazi no tuvo ocasión de realizar por completo su potencial maligno, el cual, no obstante, puede inferirse mediante el estudio de las actas de los cuarteles generales de Hitler y de otros documentos por el estilo. El cuadro se vuelve más confuso debido al hecho de que muy pocos en la jerarquía nazi eran plenamente conscientes de los planes de Hitler y Bormann. En el caso de la Rusia soviética, si bien esta se encuentra mucho más avanzada en la dominación totalitaria, disponemos de muy pocas fuentes documentales, de modo que cada aspecto concreto siempre será necesariamente discutible, por mucho que sepamos lo suficiente como para alcanzar conclusiones correctas.

El totalitarismo, tal como hoy lo conocemos en sus versiones bolchevique y nazi, se desarrolló a partir de dictaduras de partido único que, al igual que otras tiranías, emplearon el terror como medio para establecer un desierto de soledad. Sin embargo, una vez alcanzada la famosa paz de los cementerios, el totalitarismo no se dio por satisfecho; de golpe y con renovada fuerza, convirtió el instrumento del terror en una ley objetiva del movimiento. Además, el miedo es estéril cuando la selección de las víctimas nada tiene que ver con las acciones o los pensamientos del individuo. Aunque se trate del estado anímico omnipresente en los países totalitarios, ya no es un principio de acción, no puede servir como guía de actos específicos. La tiranía totalitaria carece de precedentes en el sentido de que funde juntas a las personas en un desierto de aislamiento y atomización y después introduce un gigantesco movimiento en la paz del cementerio.

No existe un principio rector tomado del terreno de la acción humana —tal como la virtud, el honor, el miedo— que resulte necesario o pueda ser usado para poner en movimiento un cuerpo político cuya esencia es la movilidad implantada por el terror. El totalitarismo se basa en un nuevo principio, que, como tal, prescinde por completo de la acción humana en cuanto acto libre y sustituye el deseo y la voluntad de actuar por el ansia y la necesidad de comprender las leyes del movimiento según las cuales funciona el terror. Los seres humanos, sometidos o arrojados al proceso de la Naturaleza o la Historia para acelerar su movimiento, solo pueden devenir los ejecutores o las víctimas de la ley inherente a dicho proceso. Según esta ley, aquellos que hoy eliminan a «las razas e individuos no aptos» o a «las clases moribundas y los pueblos decadentes» pueden ser mañana quienes deban ser sacrificados por idénticas razones. Por lo tanto, lo que el régimen totalitario necesita, en lugar de un principio de acción, es un medio para preparar a los individuos igualmente bien para el papel de ejecutor y el papel de víctima. Esta doble preparación, sustituta del principio de acción, está representada por la ideología.

III

Las ideologías son en sí tan poco totalitarias como lo es el terror, y el uso de las mismas se restringe a la propaganda totalitaria tan poco como el terror en sí se restringe al régimen totalitario. Para nuestro pesar, hemos aprendido que importa poco si esta ideología es tan estúpida y está tan vacía de auténtico contenido espiritual como el racismo o si está saturada de lo mejor de nuestra tradición como lo está el socialismo. Únicamente en manos del nuevo tipo de gobiernos totalitarios llegan las ideologías a convertirse en el motor de la acción política, y esto en el doble sentido de que las ideologías determinan las acciones políticas del gobernante y las hacen tolerables para la población gobernada. En este contexto, llamo ideologías a todos los *ismos* que pretenden haber encontrado la clave explicativa de todos los misterios de la vida y del mundo. Así, el racismo o el antisemitismo, mientras se limiten a exaltar a los arios u odiar a los judíos, no son una ideología sino una opinión irresponsable; se convierten en una ideología únicamente cuando pretenden explicar el curso entero de la Historia como si este estuviese secretamente manipulado por los judíos u ocultamente sujeto a una eterna lucha o mezcla de las razas o de cualquier otra cosa por el estilo. De modo similar, el socialismo no es una ideología, en términos estrictos, mientras describe las luchas de clases, predica la justicia para los desfavorecidos y combate por una mejora o por un cambio revolucionario de la sociedad. Dicho socialismo —o el comunismo— se convierte en una ideología únicamente cuando afirma que toda la historia es una lucha de clases, que el proletariado está predestinado por las leyes eternas a vencer en esta lucha, que surgirá después una sociedad sin clases y que, finalmente, el Estado se marchitará. En otros términos, las ideologías son sistemas explicativos de la vida y del mundo que pretenden explicarlo todo, el pasado y el futuro, sin necesidad de contrastarlo con la experiencia real.

Este último punto es clave. La arrogante emancipación de la realidad y de la experiencia es lo que, más que cualquier contenido efectivo, presagia la conexión entre ideología y terror. Esta conexión no solo hace que el terror sea una característica del gobierno totalitario que resulta omnicomprensiva —en el sentido de que se dirige por igual contra todos los miembros de la población, al margen de su inocencia o su culpabilidad—, sino que además representa la condición misma de su permanencia. El pensamiento ideológico, en la medida en que es independiente de la realidad existente, considera todo lo fáctico como fabricado y, por lo tanto, ya no posee un criterio fiable para distinguir lo verdadero de lo falso. Si, por ejemplo, no es cierto que todos los judíos sean mendigos sin pasaporte, entonces, decía la publicación nazi *Das Schwarze Korps,* se cambiarán los hechos de manera tal que la afirmación resulte verdadera; que un hombre llamado Trotski fue en su día el jefe del

Ejército Rojo dejará de ser verdad cuando los bolcheviques tengan el poder global de cambiar todos los textos de historia, y así sucesivamente. La cuestión es que la coherencia ideológica, que todo lo reduce a un factor omnipresente, entra siempre en conflicto con la incoherencia del mundo, por un lado, y con la impredecibilidad de las acciones humanas, por otro. El terror es necesario para volver coherente el mundo y mantenerlo así; para dominar a los seres humanos hasta el extremo en que, junto con su espontaneidad, pierdan también la impredecibilidad, específicamente humana, del pensamiento y de la acción.

Tales ideologías estaban ya completamente desarrolladas antes de que alguien hubiese oído la palabra *totalitarismo* o concebido la noción de este. Es fácil ver que su pretensión de totalidad casi las predestinaba a desempeñar un papel en el totalitarismo. Lo que no es tan fácil de comprender, en parte porque sus doctrinas han sido objeto de deprimentes discusiones durante siglos (en el caso del racismo) o décadas (en el del socialismo), es qué fue lo que convirtió a tales ideologías en principios y motores supremos de la acción. De hecho, el único mecanismo nuevo que los gobernantes totalitarios inventaron o descubrieron al hacer uso de estas ideologías consistió en la traducción de una perspectiva general a un principio singular que regía todas las actividades. Ni Stalin ni Hitler añadieron un solo pensamiento nuevo al socialismo o el racismo respectivamente; pero solo en manos de ellos se volvieron estas ideologías mortalmente serias.

En este punto es donde el problema del papel de las ideologías en el totalitarismo cobra su pleno significado.[10] Lo que resulta novedoso en la propaganda ideológica de los movimientos totalitarios, antes incluso de que tomen el poder, es la repentina transformación del contenido ideológico en realidad viva mediante los instrumentos de la organización totalitaria. El movimiento nazi no organizó a la gente que creía en el racismo, sino que más bien lo que hizo fue organizar a las personas según criterios raciales objetivos, de modo que la ideología racial dejó de ser un asunto de mera opinión, argumentación o incluso fanatismo y pasó a constituir la realidad viva, primero del movimiento nazi y luego de la Alemania nazi, donde la cantidad de comida recibida, la profesión y el cónyuge dependían de la fisonomía y la ascendencia racial que uno tuviese. A diferencia de otros racistas, los nazis, más que creer en la verdad del racismo, deseaban transformar el mundo en una realidad racial.

10. Este párrafo y los diez siguientes proceden del manuscrito titulado «Ideología y propaganda». (*N. del E.*)

Un cambio similar en el papel de la ideología tuvo lugar cuando Stalin sustituyó la dictadura socialista revolucionaria por un régimen totalitario hecho y derecho. La ideología socialista compartía con todos los demás ismos la pretensión de haber encontrado la solución a todos los enigmas del universo y de ser capaz de introducir el mejor sistema en los asuntos políticos de la humanidad. Por supuesto, el hecho de que después de la Revolución de Octubre surgieran en la Unión Soviética nuevas clases sociales supuso un revés para la teoría socialista, según la cual el levantamiento violento debería haberse visto seguido por la gradual desaparición de las estructuras de clases. Cuando Stalin se embarcó en su asesina política de las purgas para establecer una sociedad sin clases mediante el exterminio regular de todos los estratos sociales que podían convertirse en clases, estaba haciendo realidad, si bien de una forma imprevista, la creencia ideológica socialista acerca de las clases moribundas. El resultado es el mismo: la Unión Soviética es una sociedad sin clases en la misma medida en que la Alemania nazi era una sociedad determinada racialmente. Lo que había sido mera opinión ideológica se convirtió en el contenido de la realidad vivida. La conexión entre el totalitarismo y todos los demás ismos radica en que aquel puede servirse de cualquiera de estos como principio organizativo e intentar cambiar toda la textura de la realidad de acuerdo con sus dogmas.

Los dos grandes obstáculos en el camino hacia tal transformación son la imprevisibilidad (la fundamental escasa fiabilidad) del hombre, por una parte, y la curiosa incoherencia del mundo humano, por otra. Precisamente porque las ideologías son en sí mismas asuntos de opinión más que relativos a la verdad, la libertad humana de cambiar de idea constituye un gran y relevante riesgo. Por lo tanto, para que el hombre encaje en el mundo artificial e ideológicamente determinado del totalitarismo no basta con la mera opresión: es necesaria la dominación total y fiable de dicho hombre. La dominación total es en sí misma independiente del contenido efectivo de cualquier ideología; al margen de la ideología que uno escoja, al margen de si decide transformar el mundo y al hombre según los dogmas del racismo, del socialismo o de cualquier otro ismo, siempre será necesaria la dominación total. Por eso dos sistemas tan distintos entre sí en lo tocante a su contenido efectivo, sus orígenes y sus circunstancias objetivas pudieron finalmente construir maquinarias casi idénticas de administración y terror.

Para el experimento totalitario de cambiar el mundo según una ideología, no basta con la dominación total de los habitantes de un país. La existencia, y no tanto la hostilidad, de cualquier otro país no totalitario supone una amenaza directa a la coherencia de la pretensión ideológica. Si es cierto que el sistema socialista o comunista de la Unión Soviética es superior a todos los demás sistemas, se sigue de ello que bajo ningún otro sistema podrá construirse algo tan excelente como una línea de metro. Así pues, durante un tiempo las escuelas soviéticas enseñaron a los niños que en el mundo no existía otro metro que el de Moscú. La Segunda Guerra Mundial puso freno a tan obvios absurdos, pero solo de manera pasajera, pues la coherencia de la pretensión ideológica requiere que al final no perviva ningún metro salvo el que se halle bajo el régimen totalitario: o bien todos los demás han de ser destruidos, o bien los países donde funcionan habrán de ser puestos bajo dominación totalitaria. La pretensión de conquista global, inherente al concepto comunista de revolución mundial, así como al concepto nazi de una raza superior, no es una mera amenaza nacida del afán de poder o de una descabellada sobrevaloración de las propias fuerzas. El peligro real consiste en que el mundo facticio y patas arriba del régimen totalitario no podrá sobrevivir por mucho tiempo si el mundo exterior al completo no adopta un sistema similar, permitiendo así que lo real al completo se convierta en un todo coherente, que no está amenazado ni por la impredecibilidad subjetiva del hombre ni por la cualidad contingente del mundo humano que siempre tiene espacio para lo accidental.

Sigue abierta la cuestión, debatida a veces acaloradamente, de si el propio gobernante totalitario o sus inmediatos subordinados creen, junto con las masas de adeptos y súbditos, en las supersticiones de sus respectivas ideologías. Dado que estos dogmas son tan obviamente estúpidos y vulgares, quienes tienden a responder a la cuestión de modo afirmativo se inclinan asimismo a negar las cualidades y el talento casi incuestionables de hombres como Hitler y Stalin. Por otro lado, quienes tienden a responder negativamente, creyendo que el fenomenal engaño practicado por ambos hombres es prueba suficiente de su frío e indiferente cinismo, se inclinan también a negar la curiosa incalculabilidad de la política totalitaria, que viola de manera tan obvia todas las normas del interés propio y del sentido común. En un mundo acostumbrado a calcular acciones y reacciones según estas unidades de medida, dicha incalculabilidad se convierte en un peligro público.

¿Por qué el ansia de poder —que desde los comienzos de la historia registrada ha sido considerado el pecado político y social por excelencia— habría de trascender de repente todas las limitaciones anteriormente conocidas del interés propio y de la utilidad, e intentar no ya dominar a los hombres tal como son, sino cambiar además su misma naturaleza; no ya asesinar a los testigos inocentes e inofensivos, sino hacerlo incluso cuando tal asesinato es un obstáculo, más que una ventaja, para la acumulación de poder? Si evitamos ser atrapados por las frases y sus asociaciones, y contemplamos los verdaderos fenómenos ocultos tras ellas, parece que la dominación total, como es practicada día tras día por un régimen totalitario, está separada de todas las otras formas de dominación por un abismo que ninguna explicación psicológica del tipo «afán de poder» es capaz de salvar.

Este curioso desprecio del régimen totalitario por lo que evidentemente es su propio interés ha llamado con frecuencia la atención como una suerte de idealismo equivocado. Y esta impresión contiene cierto grado de verdad si entendemos por idealismo únicamente la ausencia de egoísmo y de móviles de sentido común. Quizá nada caracterice mejor la abnegación de los gobernantes totalitarios que el curioso hecho de que ninguno de ellos haya estado jamás especialmente ansioso por encontrar un sucesor entre sus propios hijos. (Para el estudioso de las tiranías, resulta llamativo encontrarse aquí con una variante en la que no predomina la eterna preocupación del usurpador clásico.)

La dominación total nunca es un fin en sí mismo para los regímenes totalitarios. A este respecto, el gobernante totalitario muestra mayor «ilustración» y mayor cercanía a los deseos de las masas que lo apoyan (a veces incluso cuando el desastre es inminente) que las que mostraban sus predecesores, los practicantes de la política basada en la fuerza, quienes ya no jugaban la partida en aras del interés nacional, sino como un juego del poder por el poder. La dominación total, pese a su terrible ataque tanto a la existencia física de las personas como a la naturaleza del hombre, puede practicar el que parece ser el viejo juego de la tiranía con una inaudita eficiencia asesina porque, para dicha dominación, se trata simplemente de un medio para un fin.

A mi juicio, Hitler creía en la lucha de razas y la superioridad racial (aunque no necesariamente en la superioridad racial del pueblo alemán) de forma tan incuestionable como Stalin cree en la lucha de clases y la sociedad sin clases (aunque no necesariamente en la revolución mundial). Ahora bien, en vista de las cualidades particulares de los regímenes totalitarios, los cuales podrían ser establecidos de acuerdo con cualquier opinión arbitraria convertida en una *Weltanschauung*,[11] sería muy posible que los gobernantes totalitarios o los hombres de su entorno inmediato no necesitasen creer en el contenido efectivo de sus prédicas; de hecho, a veces parece que la nueva generación, educada en condi-

11. Cosmovisión. *(N. del T.)*

ciones totalitarias, ha perdido incluso la capacidad de distinguir entre creencias y no creencias. Si este fuera el caso, se habría alcanzado en gran medida el verdadero objetivo del gobierno totalitario: la abolición de las convicciones, entendidas estas como un soporte muy poco fiable para el sistema, y la demostración de que este sistema, a diferencia de todos los demás, ha hecho que el hombre, en cuanto ser de pensamiento y acciones espontáneos, se convierta en algo superfluo.

Bajo estas creencias o no creencias, estas convicciones «idealistas» o cálculos cínicos, existe otra creencia, de cualidad completamente distinta, que sin duda comparten todos los gobernantes totalitarios, así como todos aquellos que, lo sepan o no, piensan y actúan siguiendo una línea totalitaria. Se trata de la creencia de que el *hombre* es omnipotente y, al mismo tiempo, los *hombres* son superfluos; la creencia de que todo está permitido y, lo que resulta mucho más terrible, de que todo es posible. En estas condiciones, la cuestión de la original verdad o falsedad de las ideologías deja de ser relevante. Si la filosofía occidental ha sostenido que lo real es verdadero —pues tal es, desde luego, la base ontológica de la *aequatio rei et intellectus* (concordancia entre la cosa y el intelecto)—, entonces el totalitarismo ha concluido de ello que, en la medida en que podemos fabricar la realidad, podemos fabricar también la verdad;

que no necesitamos esperar a que la realidad se desvele por sí misma y nos muestre su verdadero rostro, sino que podemos dar lugar a una realidad cuyas estructuras nos serán conocidas desde el principio porque todo ello es producto nuestro. En otros términos, la convicción subyacente a toda transformación totalitaria de la ideología en realidad consiste en que tal ideología se volverá verdadera lo sea o no. A causa de esta relación totalitaria con la realidad, el concepto mismo de verdad ha perdido su significado. Las mentiras que los movimientos totalitarios inventan para la ocasión, así como las falsificaciones realizadas por los regímenes totalitarios, son secundarias con respecto a esta actitud fundamental que excluye la distinción misma entre verdad y falsedad.

Es este objetivo, es decir, la coherencia de un orden falaz del mundo, el que, más que el objetivo del poder o que cualquier otra pecaminosidad humanamente comprensible, hace que el totalitarismo necesite ejercer la dominación total y el gobierno global, y esté dispuesto a cometer crímenes que no tienen precedentes en la larga y pecaminosa historia de la humanidad.[12]

Lo que Hitler y Stalin hicieron con sus respectivas ideologías fue simplemente tomárselas muy en serio; es de-

12. Aquí concluyen los pasajes provenientes del manuscrito titulado «Ideología y propaganda». *(N. del E.)*

cir, tomaron las pretenciosas insinuaciones de dichas ideologías y las condujeron a sus consecuencias lógicas hasta tal extremo que, a ojos de una persona normal, lo implícito en tales ideologías parecía completamente absurdo. Si crees en serio que el burgués, además de ser hostil a los intereses del trabajador, es un ser moribundo, entonces es obvio que te está permitido matar a todos los burgueses. Si tomas al pie de la letra el *dictum* de que los judíos, lejos de ser meros enemigos de otros pueblos, son verdaderamente una plaga, es decir, que han sido creados así por la naturaleza y que, por lo tanto, están predestinados a correr la misma suerte que los piojos y las chinches, entonces has establecido un argumento perfecto para su exterminio. Esta lógica rigurosa, como inspiradora de la acción, permea toda la estructura de los movimientos y los gobiernos totalitarios. El argumento más persuasivo, que entusiasmaba por igual a Hitler y a Stalin, consiste en insistir en que quienquiera que diga A debe necesariamente decir también B y C y llegar hasta la última letra del alfabeto. Todo lo que se interponga en el camino de este tipo de razonamiento —la realidad, la experiencia, la cotidiana red de relaciones e interdependencia humanas— es anulado. Incluso lo aconsejado por el común interés propio comparte ese mismo destino en casos extremos, como quedó probado una y otra vez por la forma en que Hitler condujo la guerra. La mera lógica, que parte de la aceptación de una única premisa —eso que Hitler solía llamar su don supremo para el «razonamiento glacial»—, permanece siempre como el principio rector último.

Así pues, podemos decir que en los gobiernos totalitarios el principio de acción de Montesquieu es sustituido por la ideología. Si bien hasta la fecha solo hemos afrontado dos tipos de totalitarismo, lo cierto es que cada uno de ellos partió de una creencia ideológica cuyo atractivo sobre las grandes masas había quedado ya demostrado, y que, por lo tanto, ambas creencias eran vistas como sumamente apropiadas para inspirar la acción, para poner a las masas en movimiento. Ahora bien, si observamos con mayor detenimiento lo que realmente les pasa o les ha pasado durante los últimos treinta años a estas masas y a sus miembros individuales, descubriremos la desconcertante facilidad con la que muchos cambiaron la camisa roja por la parda; y, si la cosa no funcionaba, volvían a la roja, pero solo durante un rato, antes de recuperar la parda. Estos cambios —más numerosos de lo que generalmente admitimos en nuestro afán y nuestra esperanza de que la gente, tras una mala experiencia, deje directamente de ponerse camisas— parecen indicar que lo que pone a las personas en acción no es la ideología en sí misma, con su contenido demostrable, sino la lógica de su razonamiento, casi con independencia del contenido. Esto significaría que, una vez que la ideología ha enseñado a las personas a emanciparse de la experiencia real y del impacto de la realidad atrayéndolas hacia un paraíso de los tontos donde todo se sabe *a priori,* dará el paso siguiente y, si no lo ha hecho ya, apartará a esas personas del contenido de su paraíso; y no para hacerlas más sabias, sino para extraviarlas aún más en el desierto de las deducciones y las conclusiones de la mera abstracción lógica. El «ideal» al que se apela ya no es la raza o el establecimiento de una sociedad basada en la raza, ni la clase o el establecimiento de una sociedad sin clases, sino la asesina red de operaciones puramente lógicas en la que uno queda atrapado una vez que acepta dicha ideología. Es como si estos chaqueteros se consolasen con la idea de que no importa qué contenido acepten —en qué clase de ley eterna decidan creer—, pues, una vez que han dado este paso inicial, nada más puede ya pasarles y están salvados.

¿Salvados de qué? Puede que encontremos la respuesta si observamos una vez más la naturaleza del totalitarismo, es decir, la esencia del terror y el principio del logicismo que, combinados, definen tal naturaleza. Se ha dicho a menudo, y es completamente cierto, que el aspecto más horrible del terror consiste en que este tiene el poder de unir a individuos completamente aislados y que, al hacerlo, los aísla aún más. Quizá tanto Hitler

como Stalin aprendieron de todos los ejemplos históricos
de la tiranía que cualquier grupo de gente reunida por algún interés común representa la mayor amenaza para la
dominación total. Solo los individuos aislados pueden
ser dominados totalmente. Hitler levantó su organización sobre el suelo firme de una sociedad ya atomizada,
que después él atomizó todavía más de manera artificial.
Para alcanzar los mismos resultados, Stalin necesitó el
sangriento exterminio de los campesinos, el desarraiga-
miento de los trabajadores, las repetidas purgas de la ma-
quinaria administrativa y la burocracia del partido. Con
los términos «sociedad atomizada» e «individuos aislados» hacemos referencia a un estado de cosas en el que
las personas viven juntas sin tener nada en común, sin
compartir ningún ámbito visible y tangible del mundo.
Del mismo modo que los vecinos de un bloque de apartamentos forman un grupo sobre la base de que comparten ese edificio concreto, así también nosotros nos convertimos en un grupo social, una sociedad, un pueblo,
una nación, etc., en virtud de las instituciones políticas y
legales que proporcionan a nuestra convivencia todos los
canales normales de comunicación. Y del mismo modo
que los inquilinos de los apartamentos quedarían aislados
los unos de los otros si por alguna razón se les quitase el
edificio, así también el colapso de nuestras instituciones
—la creciente sensación de la carencia de un hogar polí-

tico y físico y el desarraigo espiritual y social— representa el gigantesco destino masivo de nuestro tiempo, un destino en el que todos participamos, si bien con diversos grados de intensidad y desgracia.

El terror, en el sentido en el que he hablado de él, no consiste en algo que la gente pueda temer, sino más bien en un modo de vida que da por descontada la completa impotencia del individuo y le proporciona la victoria o la muerte, una carrera profesional o un final en un campo de concentración, con total independencia de sus propias acciones o méritos. El terror encaja a la perfección con la situación de estas masas en permanente crecimiento, sin que importe si las masas son el resultado de sociedades en decadencia o de políticas calculadas.

Pero el terror por sí mismo no basta —encaja, pero no inspira la acción—. Si observamos desde esta perspectiva el curioso logicismo de las ideologías en los movimientos totalitarios, comprenderemos mejor por qué esta combinación puede resultar tan valiosa. Si fuese cierto que existen leyes eternas que rigen supremas sobre todas las cosas humanas y que demandan de cada ser humano solo una total conformidad, entonces la libertad no sería más que una farsa, un cebo para apartarnos del buen camino; entonces la sensación de carecer de un hogar solo sería una fantasía cuya cura pasaría por conformarse a alguna ley universal reconocible. Por último —si bien no menos importante—, para comprender estas leyes, y construir la humanidad de modo que esta se ajuste a ellas en todas las circunstancias cambiantes, no sería necesario el concierto de distintas mentes humanas, sino un solo hombre. Bastaría el «conocimiento» de uno solo, y la pluralidad de talentos humanos, ideas e iniciativas sería sencillamente superflua. El contacto humano sería irrelevante; solo importaría la preservación de una perfecta funcionalidad dentro del marco establecido por el único hombre iniciado en la «sabiduría» de la ley.

El logicismo es lo que atrae a los seres humanos aislados, pues el hombre en completa soledad, sin otro contacto con sus congéneres y, por lo tanto, sin ninguna posibilidad real de experiencia, únicamente puede recurrir a las reglas más abstractas de razonamiento. La íntima conexión entre logicismo y aislamiento fue enfatizada por Lutero en su poco conocida interpretación del pasaje bíblico que dice que Dios creó al Hombre, es decir, al varón y a la mujer, porque «no es bueno que el hombre esté solo». Según Lutero: «Un hombre en soledad deduce siempre una cosa de otra y lleva todo a la peor conclusión».[13]

13. M. Lutero, «Warum die Einsamkeit zu fliehen?» («¿Por qué hay que huir de la soledad?»), en *Erbauliche Schriften (Escritos edificantes)*.

El logicismo, el mero razonamiento al margen de los hechos y la experiencia, es el verdadero vicio de la soledad. Pero los vicios de la soledad solo nacen de la desesperación del aislamiento. Hoy, cuando los contactos humanos han sido cortados —bien por el colapso de nuestro hogar común, bien por la creciente expansión de la mera funcionalidad que consume lentamente la sustancia, la materia real de las relaciones humanas o bien por los catastróficos desarrollos de unas revoluciones que fueron a su vez resultado de anteriores colapsos—, lo cierto es que el aislamiento, en un mundo como este, ha dejado de ser un asunto psicológico que manejar con términos tan hermosos y carentes de sentido como *introversión* y *extroversión*. Como concomitancia de la falta de un hogar y del desarraigo, el aislamiento es, en términos humanos, la enfermedad de nuestro tiempo. Sin duda, todavía hay personas —aunque cada vez menos— que, sin la ayuda de los canales establecidos de comunicación que proporciona un mundo habitado en común, se aferran las unas a las otras, como si estuviesen suspendidas en el aire, para escapar juntas de la maldición de volverse inhumanas en una sociedad en la que todo hombre parece superfluo y es percibido así por sus congéneres. Pero ¿qué prueban semejantes acrobacias frente a la desesperación que crece por doquier a nuestro alrededor y que ignoramos cuando nos limitamos a denunciar o a calificar de estúpidas, perversas o desinformadas a las personas que sucumben a la propaganda totalitaria? Esas personas no son nada de ello: únicamente han escapado de la desesperación del aislamiento haciéndose adictas a los vicios de la soledad.

Soledad y aislamiento no son lo mismo. En la soledad nunca estamos solos, sino que estamos con nosotros mismos; somos siempre dos-en-uno; solo mediante la compañía de otros nos convertimos en un individuo completo, con la riqueza y las limitaciones de unas características determinadas. Para nuestra individualidad, en la medida en que es una —inalterable e inconfundible—, dependemos por completo de otras personas. La soledad en la que uno tiene la compañía de sí mismo no necesita abandonar el contacto con los otros, ni está en absoluto al margen de la compañía humana; al contrario, nos prepara para ciertas formas sobresalientes de compenetración humana, como la amistad y el amor, es decir, para toda sintonía que trasciende los canales establecidos de comunicación humana. Si uno puede sobrellevar la soledad, soportar su propia compañía, es probable que pueda soportar la compañía de otros y que esté preparado para ello; quien no puede soportar a ninguna otra persona no será capaz generalmente de sobrellevarse a sí mismo.

La gran bendición de la compañía consiste en que esta redime al dos-en-uno individualizándolo. Como individuos, nos necesitamos los unos a los otros y quedamos aislados si, mediante algún accidente físico o político, nos vemos privados de compañía. El aislamiento se desarrolla cuando el hombre no encuentra compañía que lo salve de la naturaleza dual de su soledad, o cuando, como individuo que para su individualidad necesita constantemente a los otros, es rehuido por estos o separado de ellos. En este último caso, queda completamente solo, privado incluso de la compañía de sí mismo.

Las grandes cuestiones metafísicas —la búsqueda de Dios, la libertad y la inmortalidad (como en Kant), o acerca del hombre y el mundo, el ser y la nada, la vida y la muerte— se plantean siempre en la soledad, cuando el hombre está a solas consigo mismo y, por lo tanto, potencialmente junto a todos y cada uno de los hombres. El hecho mismo de que el hombre se desvíe temporalmente de su individualidad le permite hacerse preguntas atemporales que trascienden aquellas que cada individuo, de distintas maneras, se plantea. Pero nada de esto ocurre en el aislamiento, cuando el hombre como individuo es abandonado incluso por su propio yo y se pierde en el caos de la gente. La desesperación del aislamiento consiste en la mudez de este, que no admite diálogo.

La soledad no es aislamiento, pero puede convertirse fácilmente en tal cosa y más fácilmente aún ser confundida con ella. Nada es más difícil y raro que el que una persona, en la desesperada necesidad de aislamiento, encuentre fuerzas para escapar a la soledad, a la compañía consigo misma, y repare así los lazos rotos que le unen a los otros hombres. Es lo que le ocurrió a Nietzsche en una feliz ocasión, cuando concluyó su gran y desesperado poema sobre el aislamiento con las siguientes palabras: «*Mittags war, da wurde eins zu zwei, und Zarathustra ging an mir vorbei*» («Era el mediodía cuando uno se hizo dos, y Zaratustra pasó a mi lado»).[14]

El peligro de la soledad consiste en la posibilidad de perder el propio yo, de modo que, en lugar de estar junto con todo el mundo, uno es literalmente abandonado por todos. Tal ha sido el riesgo profesional del filósofo, quien, debido a su búsqueda de la verdad y su preocupación por las cuestiones que llamamos metafísicas (que son de hecho las únicas cuestiones que preocupan a todos), necesita la soledad, estar con su propio yo y por lo tanto con todo el mundo, a modo de una condición laboral. Así pues, como riesgo inherente de la soledad, el aislamiento representa el peligro profesional para los filósofos, lo cual, dicho sea de paso, parece ser una de las razones por las que a los filósofos no se

14. F. Nietzsche, «Sils-Maria», en *Die fröhliche Wissenschaft (La gaya ciencia)*. Arendt cita de memoria. *(N. del E.)*

les debe confiar la política o una filosofía política. Y es que los filósofos no solo tienen un interés supremo que rara vez divulgan —ser dejados a solas, tener su soledad garantizada y libre de toda posible perturbación, como esa consistente en el cumplimiento de las obligaciones que uno tiene como ciudadano—, sino que además dicho interés les ha conducido de forma natural a simpatizar con las tiranías en las que no se espera de los ciudadanos que actúen. Su experiencia con la soledad les ha conferido una extraordinaria visión de todas esas relaciones que solo son posibles estando a solas con uno mismo, pero les ha llevado a olvidar las tal vez más primarias relaciones entre los hombres y el ámbito que constituyen, el cual simplemente surge del hecho de la pluralidad humana.

Dijimos al inicio de estas reflexiones que nos daríamos por satisfechos con haber comprendido la esencia o naturaleza de los fenómenos políticos que determinan la estructura más íntima de épocas enteras, solo si conseguíamos analizarlos como signos del peligro de tendencias generales que conciernen y en último término pueden amenazar a todas las sociedades —y no solo a aquellos países en que esas tendencias ya han vencido o están a punto de hacerlo—. El peligro que el totalitarismo pone al descubierto ante nuestros ojos —un peligro que, por definición, no será conjurado con la mera victoria sobre los gobiernos totalitarios— nace del desarraigo y de la sensación de carecer de un hogar, y podría ser llamado el peligro del aislamiento y de la superfluidad. Por supuesto, tanto el aislamiento como la superfluidad son síntomas de la sociedad de masas, pero su verdadero significado no se agota ahí. En ambos está implícita la deshumanización, la cual, si bien alcanzó sus más horribles consecuencias en los campos de concentración, existía ya antes del establecimiento de estos. Desde luego, el aislamiento, tal como lo conocemos en una sociedad atomizada, es contrario a las exigencias básicas de la condición humana, y así he tratado de mostrarlo con la cita de la Biblia y de su interpretación por parte de Lutero. Incluso la experiencia del mundo meramente dado en el plano material y sensible depende, en último análisis, del hecho de que la tierra no es habitada por un hombre sino por los hombres en plural...

ÍNDICE ONOMÁSTICO

ESTA PRIMERA EDICIÓN
DE «SOBRE LA NATURALEZA DEL TOTALITARISMO»,
DE HANNAH ARENDT,
SE TERMINÓ DE IMPRIMIR EN BARCELONA
EN EL MES DE OCTUBRE
DE 2025